la bible des
chats

la bible des
chats

MariaCostantino

MODUS VIVENDI

© 2006 D&S Books Ltd
Paru sous le titre original : *The Handbook of Cat Breeds*

LES PUBLICATIONS MODUS VIVENDI
5150, boul. Saint-Laurent
Montréal (Québec)
Canada
H2T 1R8

Design de la couverture : Marc Alain
Infographie : Modus Vivendi
Traduction : Germaine Adolphe
Directrice artistique : Sarah King
Photographe : Paul Forrester

Dépôt légal : 3e trimestre 2005
Bibliothèque nationale du Québec
Bibliothèque nationale du Canada

ISBN 2-89523-355-1

Nous reconnaissons l'aide financière du gouvernement du
Canada par l'entremise du Programme d'aide au développement
de l'industrie de l'édition (PADIÉ) pour nos activités d'édition.

Gouvernement du Québec - Programme de crédit d'impôt
pour l'édition de livres - Gestion SODEC

Table des matières

Introduction

DU CHAT SAUVAGE...

Un tigre dans votre salon ?

« Quand je joue avec ma chatte, qui sait si elle ne s'amuse pas davantage à mes dépens que moi aux siens ? »

Ainsi s'exprimait le moraliste français Michel de Montaigne (1533-1592) dans ses *Essais*. Sans doute avons-nous domestiqué le chat, mais même s'il dépend de nous en acceptant la nourriture, l'abri et l'affection que nous lui procurons, un chat domestique vivra toujours selon ses instincts et ses besoins félins.

Il y a environ 50 millions d'années, au cours de l'ère cénozoïque actuelle, sont apparus les créodontes, les ancêtres du chat moderne. Les créodontes ont ensuite été remplacés par les miacidés, des mammifères carnivores au cerveau plus développé, dont descendent les canidés (dont les chiens) et les viverridés (famille à laquelle appartiennent les civettes, mangoustes et genettes). Le premier vrai félin, le *Pseudoailurus*, était l'ancêtre du *Smilodon*, le réputé tigre à dents de sabre, mesurant 1,8 m et doté de canines supérieures de 20 cm de long, dont les restes ont été trouvés en Amérique du Nord. Un félin semblable, le *Megantereon*, découvert en Afrique du Nord, en Inde et dans les pays méditerranéens, était l'ancêtre des lions, guépards et lynx largement répandus dans toute l'Europe.

Tous les membres de la famille des félidés sont de proches parents : le tigre de Sibérie, grand fauve qui peut peser jusqu'à 383 kg, et le petit chat de gouttière appartiennent au même genre : *Felis*. En dehors

...AU MINOU DOMESTIQUE.

7

DANS LA NATURE.

La première preuve de la cohabitation du chat et de l'humain remonte à 8000 ans. En 1983, des fouilles archéologiques effectuées sur un site néolithique à Kirokitia, dans le sud de Chypre, ont mis au jour une mandibule de chat. Les premiers habitants de l'île avaient sans doute amené avec eux des chats domestiqués puisque Chypre ne possédait pas de chats sauvages. Il semblerait que le chat chypriote domestiqué soit d'abord venu d'Égypte car, contrairement au chat sauvage d'Europe, le chat sauvage d'Afrique s'apprivoise assez facilement.

Le chat est pourtant l'un des animaux les plus récemment domestiqués. Bien

de l'Australie et de l'Antarctique, les deux seuls continents ne possédant pas d'espèces de chats indigènes, on trouve des chats sauvages partout ailleurs sur le globe.

Parmi les 39 espèces de chats sauvages, les zoologistes ne savent pas exactement de laquelle descendent les chats domestiques. *Felis sylvestris*, le chat sauvage d'Europe, est un bon aspirant car il ressemble beaucoup au tabby domestique, tout en étant plus gros et en ayant le bout de la queue arrondi. Le chat sauvage d'Europe n'est désormais connu que dans le nord de l'Écosse et dans les régions les plus reculées de l'Europe du Nord, après avoir été très présent dans toute la Grande-Bretagne et dans les régions boisées de l'Europe continentale. Il semble néanmoins que le géniteur soit plutôt *Felis lybica*, le chat sauvage d'Afrique.

LES CHATS DOMESTIQUES POSSÈDENT LES MÊMES INSTINCTS QUE LES CHATS SAUVAGES.

L'ÉGYPTE ANCIENNE FOURNIT LES PREMIÈRES REPRÉSENTATIONS DE CHATS.

avant que les chats n'entrent dans les foyers, les chiens sont les compagnons de l'homme. Contrairement au chien qui est un animal de meute, le chat chasse en solitaire et il n'a donc rien à gagner à unir sa force à celle du chasseur préhistorique. Par la suite, quand l'homme commence à garder des troupeaux qu'il doit déplacer vers les pâturages d'été ou d'hiver, il se sert de chiens pour rassembler et garder les animaux. Cette vie nomade ne présente aucun intérêt pour le chat au comportement territorial.

Vers l'an 3000 avant J.-C., après que l'homme s'est sédentarisé et a commencé à cultiver et à stocker les céréales, un partenariat a sa raison d'être. Les réserves de grain attirent la vermine telle que souris et rats. L'homme offre alors au chat un terrain de chasse pratique et bien approvisionné, de même que des abris confortables et chauds en échange d'un service inestimable : la protection des réserves de grain. Il n'est pas surprenant que les premières représentations des chats aient été découvertes sur les fresques murales de l'Égypte ancienne, une contrée qui dépendait des récoltes de grain de la vallée du Nil. La première peinture de chat égyptienne est une murale trouvée dans une tombe datant d'environ 2660 avant J.-C. et qui montre un chat portant un collier. Nous ne savons pas avec certitude si ce chat est domestiqué, mais en 2000 avant J.-C., dans l'Égypte ancienne, le chat est vénéré comme un dieu. Un certain nombre de dieux et de déesses revêtent une forme féline, dont Râ, le dieu Soleil, et

9

LES CHATS ONT JOUÉ UN RÔLE ESSENTIEL DANS L'ÉCONOMIE AGRAIRE DE L'ÉGYPTE ET ON LES VÉNÉRAIT COMME DES DIEUX.

Mafdet, représentée par un chat en train de tuer un serpent (sans doute un atout précieux dans une région où foisonnent les serpents venimeux!).

Les chats sont cependant le plus souvent associés à Bastet, la déesse de la fertilité, à tête de chat. À Butastis, cité située dans le Nil inférieur et centre du culte de Bastet, un superbe temple est dédié à la déesse. À l'intérieur du temple, vivent les chats du tombeau, gardés par des prêtres qui surveillent le comportement des félins afin de savoir si la déesse « parle ». Chaque année, la cité et le temple organisent une grande fête en l'honneur de Bastet. Ces célébrations se poursuivent durant l'ère chrétienne, jusqu'à ce que l'empereur byzantin Théodose supprime ce culte en 392.

Vers 1800 avant J.-C., il semble que les chats égyptiens soient domestiqués au sens moderne du terme. Les peintures tombales, telles que celle provenant de la tombe d'un scribe du grain nommé Nebamun et datant du Nouvel Empire (vers 1567-1085 avant J.-C.), illustrent aussi des chats, dont un dressé spécifiquement pour rapporter le gibier d'eau chassé dans les marécages.

En raison de l'estime considérable qu'ils leur portent, les propriétaires de chats égyptiens font momifier leurs animaux, puis ils les enterrent dans la cité de Bubastis. Étant donné leur petite taille, pour les conserver, on trempe les chatons dans des produits chimiques avant de les envelopper méticuleusement dans du lin. Leurs restes ne sont guère plus que de minuscules tas de poussière et de débris d'os, mais certains sont enchâssés dans des cercueils de bronze, bien souvent surmontés d'une image de chat.

Les chats adultes subissent une préparation beaucoup plus élaborée en prévision de l'au-delà et les riches propriétaires prennent grand soin d'envelopper leurs animaux dans du lin délicat. Les pattes arrière sont placées en position assise, les pattes avant étendues et la queue repliée contre le flanc : ils ont dans la mort la même position que s'ils étaient vivants. Le corps est emmailloté dans un drap de lin, puis dans un cylindre de rubans tressés de deux couleurs, sans doute censés reproduire les tons et les marques du pelage. La tête est recouverte d'un masque de papier de papyrus, sur lequel sont fixées des rondelles de lin peintes pour imiter les yeux. Les narines et les oreilles sont fabriquées avec des feuilles de palmier. La momie ainsi préservée et enveloppée est ensuite placée dans un coffre, bien souvent en bois ou en bronze, sculpté en forme de chat assis et peint de manière à le rendre plus vivant.

STATUE D'UN CHAT REPRÉSENTANT LA DÉESSE BASTET.

Au 19e siècle, à Bubastis, on a découvert plus de 300 000 chats et chatons momifiés, soigneusement disposés sur des étagères dans les tunnels d'un cimetière souterrain. Il n'en reste toutefois plus qu'une poignée. On peut en voir certaines dans les musées, mais la plupart ont eu la tête coupée et leur contenu a été répandu en guise d'engrais dans les champs locaux. En 1889, près de 20 tonnes de momies de chats ont été réduites en poudre, envoyées

LES ROMAINS ONT RAPPORTÉ DES CHATS EN ITALIE APRÈS LA DÉFAITE DE L'ARMÉE DE CLÉOPÂTRE EN L'AN 30 AVANT J.-C.

à Liverpool comme engrais et vendues aux enchères.

Ce geste contrevenait totalement aux lois des anciens Égyptiens qui punissaient sévèrement quiconque portait délibérément atteinte à un chat et interdisaient formellement l'exportation de chats, vivants ou morts, vers d'autres pays! Toutefois, on a forcément réussi à en faire sortir du pays puisque des images de chats commencent à faire leur apparition sur des pièces de monnaie et des vases en Grèce et en Italie. Quand l'Égypte devient une province de l'Empire romain en 30 avant J.-C., après la défaite de l'armée de la reine Cléopâtre, les Romains rapportent des chats égyptiens en Italie.

À mesure que la puissance des Romains s'étend sur toute l'Europe et l'Asie, leurs chats font de même. On a découvert des restes de chats romains en Grande-Bretagne, ce qui laisse croire qu'il s'agissait d'animaux domestiques. Bien qu'il n'ait pas été vénéré comme un dieu tel qu'en Égypte, à l'époque romaine, le chat est associé à Diane, déesse de la chasse et de la lune. Au 4e siècle, l'agronome Palladius écrit sur l'utilité des chats à protéger les jardins des souris et des taupes.

Après la chute de l'Empire romain, débute en Europe une période sombre durant laquelle le christianisme cherche à s'imposer et à remplacer les nombreuses croyances païennes qui subsistent. L'attitude à l'égard des chats se divise. D'une part, beaucoup de pays légifèrent pour protéger les chats et dans les couvents anglais, le chat est considéré comme un « compagnon » convenable pour les religieuses. D'autre part, le chat est considéré par

Au Moyen Âge, on a associé les chats à la sorcellerie, ce qui a entraîné leur persécution massive.

beaucoup comme un représentant du diable. Au début du Moyen Âge, on transpose le personnage de la déesse Diane en Hécate, la reine de la nuit et la patronne des sorcières. Par conséquent, les chats – surtout les noirs – sont associés à la magie, ce qui conduit à leur persécution massive.

En Grande-Bretagne, la persécution des sorcières – et des chats – symbolisée par Matthew Hopkins, atteint son apogée au milieu du 17e siècle. Étant donné que le chat est un compagnon idéal pour les gens pauvres et esseulés – il est capable de trouver lui-même sa nourriture et offre l'affection nécessaire pour consoler ses maîtres –, l'hystérie religieuse et la superstition entraînent beaucoup de gens à mal interpréter le lien étroit qui unit ces personnes à leur chat. Malheureusement, cette attitude ne se limite pas à la Grande-Bretagne et elle est

13

exportée par des fanatiques religieux parmi les colons d'Amérique. Les procès pour sorcellerie les plus connus ont lieu en 1692, à Salem, au Massachusetts.

Alors qu'en Occident, les chats étaient méprisés et souvent persécutés, en Orient, ils étaient tenus en haute estime. En Chine, les paysans vénéraient Li Chou, le dieu-chat de la fertilité et ils offraient des sacrifices aux chats après les récoltes. Au Japon, les chats étaient aussi des animaux sacrés et, de nos jours, les chats écaille de tortue ou tricolores sont considérés comme des porte-bonheur.

Dans tout l'Extrême-Orient, les chats sont associés à la chance. En Malaisie et en Indonésie, on croit que le fait de donner un bain à un chat apportera la pluie. Alors que le christianisme a souvent vu le chat comme le diable, dans l'islam, il est considéré comme un animal pur. Le prophète Mahomet aurait même déchiré la manche de sa chemise pour ne pas déranger son chat préféré, Muezza, qui s'était endormi sur son bras.

On commence à présenter les chats comme des créatures bénéfiques dans des histoires comme « Le Chat botté » ou « Dick Whittington », mais il faudra attendre 1822 pour que cesse la cruauté à leur égard.

LES MUSULMANS CONSIDÈRENT LE CHAT COMME « BÉNI » : LE CHAT DE MAHOMET SE NOMMAIT MUEZZA.

Le parlement britannique vote alors les premières lois destinées à protéger les animaux, qui ne s'appliquent cependant qu'au bétail et aux animaux de trait. En 1824, une assemblée d'amis des bêtes réunie à Londres crée la Société pour la prévention de la cruauté envers les animaux.

Même si nos attitudes envers le chat ont changé au fil des siècles et si de nombreuses espèces sont apparues — on dénombre actuellement plus d'une centaine de races différentes reconnues dans le monde et un nombre infini de variations parmi les chats de gouttière — les instincts naturels du chat se sont très peu modifiés au contact de l'homme. Le minet élégant qui ronronne sur vos genoux demeure un prédateur féroce et efficace, un proche parent du lion africain et du tigre indien. En plus d'être

MALGRÉ LEUR DIFFÉRENCE DE TAILLE, LE TIGRE EST UN PROCHE PARENT DU CHAT DOMESTIQUE.

LES APPARENCES SONT TROMPEUSES : MÊME DORLOTÉ, LE CHAT DOMESTIQUE GARDE MALGRÉ TOUT UN GRAND NOMBRE DE SES INSTINCTS.

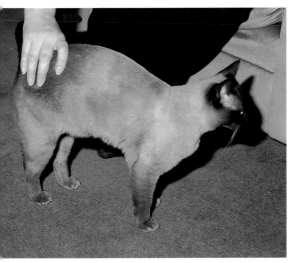

parmi les animaux à la morphologie la plus efficace et aux sens considérablement développés, c'est aussi un chasseur patient qui traque sa proie à pas furtifs ou demeure immobile jusqu'à ce que le moment soit venu de bondir sur elle.

Chapitre 1

Chats de gouttière ou de race

Alors qu'on pratiquait l'élevage sélectif des chiens depuis des siècles – pour leur apparence mais aussi pour leurs aptitudes au travail –, ce n'est qu'au 19e siècle, avec l'apparition de la première exposition féline, qu'on a commencé à contrôler la reproduction des chats pour améliorer leur apparence physique. De nombreux patrons et couleurs ont été créés depuis par les éleveurs et des standards stricts ont été instaurés par les diverses organisations félines, auxquels doivent se conformer plus d'une centaine de races de chats. Elles ne sont toutefois pas toutes acceptées dans tous les pays ni par toutes les organisations félines.

Les tabby, qui peuvent être de race pure, sont aussi les chats de gouttière les plus répandus.

Les chats de gouttière sont des chats de filiation indéterminée, ne répondant à aucun standard de race. Les chats de race possèdent ce qu'on appelle un pedigree, qui établit que leurs ascendants étaient d'une race définie et pure depuis plusieurs générations. Néanmoins, alors que certaines races anciennes trouvent leur source dans la légende, les origines exactes de certaines races même plus modernes ne sont pas faciles à retracer et font l'objet de nombreux débats.

En raison de gènes dominants, il existe parmi les chats de gouttière un plus grand nombre de tabby que de chats d'autres couleurs et davantage de chats à poil court qu'à poil long. Les chats de gouttière sont plutôt de type bréviligne, trapus et dotés de pieds ronds. Minet sans pedigree ou Persan pure race, quelles que soient ses origines, sa taille ou sa couleur, le chat est l'animal de compagnie urbain le plus populaire au monde.

17

Chats de race et livres des origines

Même s'il existait des expositions félines dès le 16e siècle, elles étaient plutôt des foires où dénicher un bon chasseur de souris ! En 1871, Harrison Weir organisa la première vraie exposition féline au *Crystal Palace* de Londres. Weir, l'un des trois juges, élabora les « échelles des points » pour toutes les races présentées et en 1887, sous sa présidence, on créa le *National Cat Club*. Bien que les standards aient changé au fil des ans, le déroulement général d'une exposition est resté presque le même. Pour certaines races, les standards sont les mêmes partout alors que pour d'autres, ils varient d'un pays à l'autre. Les standards fixés par les différentes associations félines visent une apparence parfaite : forme du corps, couleur et patron. Dernièrement, toutefois, les juges d'exposition ont

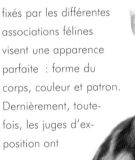

BIEN QUE LES STANDARDS AIENT CHANGÉ AU FIL DES ANS, LE DÉROULEMENT GÉNÉRAL D'UNE EXPOSITION FÉLINE EST RESTÉ LE MÊME.

aussi tenu compte du caractère du chat.

En Amérique du Nord, la première exposition féline d'importance a eu lieu au Madison Square Garden de New York, en 1895, où un Maine Coon a été élu champion. En 1896, l'*American Cat Club* est devenu le premier livre des origines américain.

LE CHAMPION DE LA PREMIÈRE EXPOSITION FÉLINE AMÉRICAINE, EN 1895, ÉTAIT UN MAINE COON.

LE **S**PHINX N'EST ACTUELLEMENT RECONNU QUE PAR LA **TICA**.

Actuellement, le plus grand livre des origines de chats de race est la CFA (*Cat Fancier's Association*), fondée en 1906, qui possède des clubs affiliés aux États-Unis, au Canada, en Amérique du Sud, en Europe et au Japon. Les critères d'enregistrement de la CFA ont souvent été qualifiés de « puristes », car elle n'accepte que certaines couleurs de races.

Le GCCF (*Governing Council of the Cat Fancy*) britannique, fondé en 1910, est un peu moins strict, et il possède des clubs affiliés en Afrique du Sud, en Australie et en Nouvelle-Zélande.

En Europe, de nombreux livres des origines font partie de la FIFe (Fédération internationale féline), datant de 1949, qui serait actuellement le plus grand club félin du monde.

Le livre des origines le plus libéral et le plus expérimental de tous est la TICA (*The International Cat Association*), fondée en 1979 en Amérique du Nord.

Sachant que chaque association a des règles différentes, certaines races – et certains patrons ou couleurs de cette race – risquent de n'être reconnues officiellement que par une seule organisation. C'est le cas du Sphinx, de combinaisons bicolores nouvelles de certaines races orientales ou du Munchkin nain, qui ne sont reconnus que par la TICA et sont exclus des autres livres des origines. Dans chaque pays, l'association enregistre aussi les chatons et le transfert de propriétaire, et elle approuve le calendrier des expositions.

Les catégories de races

Le chat domestique sans pedigree mis à part – même si les expositions félines présentent souvent une catégorie pour eux où le jugement repose sur l'apparence et l'état général –, il existe sept catégories de races reconnues :

À poil long de type persan.

À poil long, autres que de type persan (p. ex. Maine Coon), sachant que le seul facteur commun à ces deux catégories est leur poil long.

British Shorthair et American Shorthair.

Burmese.

Siamois.

Orientaux à poil court (qui ont en général la forme et la taille des Siamois, mais ne présentent pas le patron de robe restreint de la race siamoise – du point de vue génétique, ces chats possèdent ce qu'on appelle le « facteur himalayen »).

Autres chats à poil court (p. ex. Rex, Mau et Abyssin), tous ceux qui n'entrent pas dans les autres groupes de chats à poil court.

Chapitre 2

Particularités physiques

Anatomie du chat

« Les chats, aussi fluides que leur ombre,

N'offrent aucune prise au vent.

Ils se glissent, mincis, habiles, dans des ouvertures

Plus étroites qu'eux. »

Cats, A.S.J. Tessimond (1934)

**EN ÉQUILIBRE : LES CHATS SONT AUSSI AGILES
QUE DES FUNAMBULES.**

PEU D'OBSTACLES ARRÊTERONT UN CHAT.

À voir un chat se déplacer avec autant de grâce, faire des bonds aussi puissants, marcher en équilibre sur une clôture et réagir à tous les stimuli, on comprend qu'il est doté d'un organisme admirablement structuré.

Le squelette du chat comprend 250 os reliés par 517 muscles particulièrement puissants au niveau des pattes et des reins, du cou et des épaules, ce qui lui permet de bondir et de plaquer sa proie au sol. Ses pattes avant peuvent tourner dans presque toutes les directions, sa tête pivote quasiment à 180 degrés et sa colonne vertébrale est très flexible et puissante.

La fonction de la queue du chat est quelque peu mystérieuse : elle semble parfois laisser les chats eux-mêmes perplexes et amusés. Elle ne lui sert pas pour se suspendre à quelque chose et elle ne contri-

bue pas vraiment à l'équilibre puisque les Manx s'en passent très bien – même si ce ne sont pas d'excellents grimpeurs – et que d'autres chats ayant perdu la queue s'adaptent fort aisément à cette absence. Malgré tout, la queue d'un chat est très sensible au toucher et elle se gonfle à la vue d'un intrus!

Le sens de l'équilibre du chat et sa capacité à redresser son corps durant une

LA COLONNE VERTÉBRALE DU CHAT EST TRÈS FLEXIBLE.

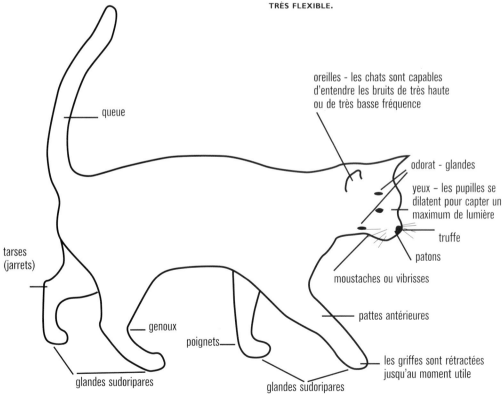

queue

oreilles - les chats sont capables d'entendre les bruits de très haute ou de très basse fréquence

odorat - glandes

yeux – les pupilles se dilatent pour capter un maximum de lumière

truffe

patons

moustaches ou vibrisses

tarses (jarrets)

pattes antérieures

genoux

poignets

les griffes sont rétractées jusqu'au moment utile

glandes sudoripares

glandes sudoripares

23

DES PATTES PUISSANTES ET UN DOS FLEXIBLE PERMETTENT AU CHAT D'ADOPTER DIVERSES POSTURES.

EN MOYENNE, UN CHAT DORT DE 16 À 18 HEURES PAR JOUR.

chute pour pouvoir retomber sur ses pattes ont pendant longtemps été associés à la structure de son oreille interne. Contrairement aux chiens et aux humains, les chats ne souffrent pas du mal de mer, ce qui expliquerait leur présence sur les navires. Des expériences menées sur un chat blanc âgé de 15 ans et sourd de naissance ont laissé supposer que l'oreille interne n'était pas le seul facteur en cause. Quand on laissait ce chat sourd tomber (sur un matelas pour ne pas le blesser), il réussissait malgré tout à pivoter et à se redresser. En revanche, si on lui bandait les yeux, il était incapable de tourner son corps durant la chute et en outre, il mettait beaucoup de temps à se redresser une fois atterri. Il semblerait que la vision du chat et sa capacité à établir une relation avec l'horizon jouent un certain rôle dans cette habi-

MÊME NOURRI RÉGULIÈREMENT, LE CHAT DOMESTIQUE A DES ORGANES DIGESTIFS RELATIVEMENT GROS QUI LUI PERMETTENT DE S'EMPIFFRER OU DE JEÛNER.

leté à se redresser. Si un chat n'est pas bien réveillé, cependant, ou s'il tombe d'une grande hauteur, l'impact peut suffire à le blesser : ses mâchoires sont particulièrement vulnérables aux blessures si elles heurtent le sol.

Même s'il est agile, souple et puissant, le chat possède une capacité thoracique assez restreinte, ce qui signifie que son cœur est petit et son endurance limitée. Par conséquent, des périodes d'activité intense sont extrêmement fatigantes pour lui et pour se remettre de ses efforts, il doit les faire suivre de longues (et même très longues!) périodes de repos. En moyenne, un chat peut dormir de 16 à 18 heures par jour. Mais ne vous y trompez pas : durant ce sommeil, les sens du chat restent en éveil et son cerveau demeure actif.

Une cage thoracique restreinte laisse de la place à des organes digestifs plus grands, ce qui lui permet d'alterner le festin apporté par une proie et des périodes de chère plus maigre ou même de jeûne. Même si nous le nourrissons sur une base régulière, le système digestif du chat domestique reste identique à celui de ses cousins sauvages.

Pieds et griffes

Les chats ne marchent pas sur leurs pieds mais sur leurs doigts. La majorité des chats possèdent cinq doigts aux pattes avant et quatre aux pattes arrière, mais la polydactylie (présence de doigts supplémentaires) n'est pas rare. Cette anomalie est causée par une mutation génétique. Dans les grandes populations de chats, ces mutations disparaissent après quelques générations, mais dans les populations isolées, les mutations risquent davantage de persister. À Boston, Massachusetts, et Halifax, Nouvelle-Écosse, les chats polydactyles sont répandus. Quand les colons ont introduit des chats dans ces régions, il existait très peu de chats indigènes avec lesquels les croiser et faire disparaître la mutation.

Bien que leurs doigts ne soient pas aussi développés que les nôtres, les chats n'en sont pas moins habiles que nous. Les pieds avant sont très polyvalents : ils peuvent saisir fermement une proie (ou un jouet), donner des coups et même servir de louche ! Beaucoup de chats sont d'excellents pêcheurs, une habileté remarquée par le grand naturaliste Charles Darwin. Avec un pied, ils sortent le poisson de l'eau et le jettent par-dessus leur épaule sur le sol, où ils le frappent ensuite avec les deux pieds.

LES COUSSINETS CHARNUS ABSORBENT LES CHOCS ET LE BRUIT, PERMETTANT AU CHAT DE MARCHER EN SILENCE.

LES GRIFFES D'UN CHAT ADULTE SONT RÉTRACTILES. ELLES L'AIDENT À SAISIR SA PROIE ET À GRIMPER AUX ARBRES.

Les coussinets (ou pelotes) charnus situés sous les pieds du chat absorbent le choc et étouffent les bruits, ce qui lui permet de marcher en silence. Ils sont aussi le siège des glandes sudoripares permettant au chat de laisser son odeur quand il griffe un arbre... ou votre mobilier. Bien qu'un peu moins flexibles, les pieds arrière sont tout de même très puissants et, au cours de bagarres, ils peuvent flanquer des coups puissants.

En plus de permettre au chat de marcher sur des surfaces glissantes et de grimper aux arbres, les griffes sont aussi une arme mortelle. Elles se rétractent dans une poche protectrice qui amortit le bruit des pas. Chez les chatons, surtout les Siamois, les griffes ne sont pas complètement rétractiles et on peut entendre un cliquetis quand ils marchent sur des surfaces dures.

LES PATTES AVANT PEUVENT SERVIR À DONNER DES COUPS.

27

UN GRATTOIR PERMET AU CHAT DE SATISFAIRE SES INSTINCTS FÉLINS SANS ABÎMER LES MEUBLES.

Les pieds du chat font aussi office de brosse. Alors que sa structure corporelle flexible lui permet de se plier et d'atteindre presque toutes les parties de son corps avec sa langue, sa tête et son cou sont hors de sa portée. Il les nettoie donc en léchant ses pieds et en les frottant sur ces zones.

APRÈS UN BON SOMME, IL LUI FAUT S'ÉTIRER. LES PATTES AVANT SONT EN GÉNÉRAL ÉTIRÉES EN PREMIER.

Chapitre 3

Les sens

Le goût et l'odorat

SA LANGUE RÂPEUSE PERMET AU CHAT DE LAPER LES LIQUIDES ET DE DÉTACHER LA CHAIR DES OS.

La langue du chat est recouverte d'aspérités appelées papilles. En plus d'être un instrument de nettoyage efficace, ces papilles servent aussi à laper les liquides et à détacher la chair des os. Le seul problème, c'est qu'elles sont orientées en direction de la gorge, ce qui oblige le chat à avaler tout ce qu'elles ont saisi, y compris ses poils! La langue est extrêmement sensible et, comme celle de l'humain, elle perçoit le doux, l'acide, l'amer et le salé, et détecte la température et la texture.

L'odorat est cependant un sens plus aiguisé : le chat possède trois fois plus de cellules olfactives que l'humain. Le nez du chat est rempli de minuscules plaquettes osseuses, les cornets nasaux, qui augmentent considérablement la surface réservée aux cellules olfactives. Ce sens très développé sert pour sentir la nourriture ou flairer d'éventuels partenaires sexuels. Le chat possède des glandes olfactives sur le menton et les tempes, et il dépose son odeur en frottant sa tête et son corps contre les objets. En outre, mâles et femelles déposeront leur odeur et marqueront leur territoire par des jets d'urine.

On voit parfois un chat renifler l'air par une fenêtre ou une porte ouvertes et faire une grimace comme s'il sentait une mauvaise odeur. On appelle cette réaction le flehmen. Le chat ouvre la gueule et retrousse les babines. Il aspire ainsi l'air et les odeurs en direction de l'organe de Jacobson, situé sur son palais. Cet organe olfactif spécial complète les cellules sensorielles présentes dans son nez. Juste en arrière de ses incisives, se trouvent deux minuscules conduits menant à l'organe de Jacobson.

LE CHAT SE SERT DE SON ODORAT POUR SENTIR SA NOURRITURE ET FLAIRER SES PARTENAIRES.

LE CHAT POSSÈDE TROIS FOIS PLUS DE CELLULES OLFACTIVES QUE L'HUMAIN.

Les yeux

Chez la majorité des mammifères, l'odorat est le sens le plus important pour repérer de la nourriture et comme système d'alarme en cas de danger. Chez les chats, comme chez les singes et les humains, la vision est plus essentielle. Même s'il a des yeux très grands par rapport à la grosseur de sa tête, le chat ne voit pas dans l'obscurité complète. Il possède néanmoins une excellente vision dans la pénombre et il voit jusqu'à six fois mieux que les humains. Des cellules en bâtonnets, situées dans le fond de l'œil, forment une structure semblable à un miroir, appelée tapetum lucidum, qui renvoie la lumière qui n'a pas été absorbée en traversant l'œil et intensifie l'information parvenant sur la rétine. C'est cette structure réfléchissante qui fait briller les yeux du chat dans le noir.

En outre, le chat a un angle de vision de 205 degrés et ses yeux sont capables de s'adapter à différentes intensités de lumière. Dans la pénombre, sa pupille se dilate complètement pour laisser pénétrer un maximum de lumière ou, au contraire, elle se ferme en fente quand la luminosité est forte. Les chats sont aussi dotés d'une paupière nictitante ou troisième paupière. Elle se soulève dans le coin

LES YEUX DU CHAT PEUVENT S'ADAPTER À L'INTENSITÉ DE LA LUMIÈRE.

intérieur de l'œil et protège celui-ci en filtrant la lumière très vive.

On a longtemps cru que le chat avait une vision en noir et blanc, mais on pense désormais qu'il distingue les couleurs, même si sa vision des couleurs représente moins du quart de celle des humains. Il semble aussi que, malgré son champ visuel étendu, le chat ne soit pas très habile à distinguer des objets fixes; il est en revanche excellent pour remarquer les mouvements et peut évaluer les distances avec beaucoup de précision. La plupart des propriétaires de chats ont déjà vu leur animal rester impassible devant un jouet immobile alors qu'une

PRÊT À BONDIR : UN JOUET IMMOBILE EST DE PEU D'INTÉRÊT, MAIS UNE CIBLE EN MOUVEMENT EST AMUSANTE.

fois celui-ci suspendu à une ficelle et traîné sur le plancher, leur minou s'est transformé en tigre.

Les éleveurs modernes ont réussi à produire une gamme de couleurs d'yeux allant du bleu vif à l'orange flamboyant. Les chatons naissent avec les yeux bleus, et leur couleur passe ensuite au brun cuivré, orange, jaune ou vert. Les chats sauvages ont les yeux cuivrés ou noisette, qui peuvent virer au jaune ou au vert avec l'âge. Les yeux des chats sauvages sont ovales et légèrement bridés et les races considérées comme proches du chat « naturel » ou

« sauvage », le Maine Coon par exemple, ont des yeux de cette forme. Les programmes d'élevage ayant modifié la forme « naturelle » de l'œil, les chats ont maintenant les yeux plus ronds ou plus bridés.

Contrairement à une idée répandue, la couleur des yeux d'un chat n'est pas déterminée par la couleur de sa robe, même si les standards de certaines races associent les deux. La seule couleur des yeux qui ait un lien avec la couleur de la robe est le bleu : les yeux bleus sont produits par des formes d'albinisme responsables d'une absence de pigmentation de la robe et de

33

LES CHATS BLANCS AUX YEUX VAIRONS SONT SOUVENT SOURDS D'UNE OREILLE OU DES DEUX.

l'iris du chat, fréquente chez les chats dont la robe présente une grande proportion de blanc.

Malheureusement, les chats blancs aux yeux bleus souffrent souvent de surdité car le gène responsable de l'absence de pigmentation provoque aussi le desséchement de l'organe de Corti (récepteur auditif présent dans la cochlée). Les Angoras Turcs

d'origine étaient en général blancs, ils avaient des yeux vairons (impairs) – un bleu et un orange – et ils étaient aussi en majorité sourds d'une oreille ou des deux.

LA COULEUR BLEUE DES YEUX EST LA SEULE QUI AIT UN LIEN AVEC LA COULEUR DE LA ROBE. CETTE COLORATION EST DUE À DES FORMES D'ALBINISME RESPONSABLES D'UNE ABSENCE DE PIGMENTATION DU PELAGE ET DE L'IRIS.

Les moustaches

Le corps entier du chat est tapissé de terminaisons nerveuses réagissant à une caresse
humaine ou au léchage d'une mère chatte,
mais aussi aux variations subtiles de la
pression de l'air.

Les « capteurs » les plus remarquables
restent ses moustaches ou vibrisses, les
poils plus épais au-dessus de ses yeux et
sur son menton, et les poils tactiles à l'arrière de ses pieds avant. Grâce à ses
moustaches, un chat est capable de savoir
s'il pourra ou non passer dans un espace.
Un chat aux moustaches endommagées
pourra tuer une proie en plein jour, mais il
en sera moins capable la nuit, ses capteurs importants étant altérés.

CE CHAT POSSÈDE DE SUPERBES VIBRISSES
ET DES POILS TACTILES TRÈS VISIBLES
AU-DESSUS DES YEUX.

LES TERMINAISONS NERVEUSES PRÉSENTES
SUR TOUT LE CORPS DU CHAT RÉAGISSENT
AU LÉCHAGE DE LA MÈRE.

35

L'ouïe et les oreilles

Le chat a un seuil d'audition supérieur à celui de l'humain. Il peut percevoir des sons allant jusqu'à 65 kHz (65 000 cycles par seconde) tandis que l'humain a une limite de 20 kHz (soit les notes les plus aiguës d'un violon) et des sons très bas. Cela s'explique en partie par la forme de ses oreilles qui permet une meilleure concentration du son. De plus, les oreilles du chat étant mobiles, il peut les orienter vers le moindre bruit et identifier sa provenance.

En général, les animaux sauvages ont les oreilles dressées – l'éléphant étant une rare exception – et des oreilles tombantes sont normalement le signe que l'espèce est domestiquée depuis un certain temps. Dans

LE SEUIL D'AUDITION D'UN CHAT EST TRÈS SUPÉRIEUR À CELUI DE L'HUMAIN.

la nature, les chats auraient un inconvénient important si leur audition devait être altérée. Qui plus est, toute anomalie se traduisant par des oreilles tombantes disparaîtrait sans doute par le biais de la sélection naturelle. Et pourtant, tous les chats n'ont pas les oreilles dressées : depuis plus de deux siècles, on enregistre des chats aux oreilles pendantes ou repliées. La première mention (non authentifiée) en a été faite dans un magazine britannique en 1796 et parlait de chats en Chine dotés d'oreilles « pendantes ». En 1938, les zoologistes en ont découvert un deuxième exemple, qui semblait être une mutation rare qu'on croyait spécifique aux chats blancs à poil long. En 1961, Susie, un chaton blanc, est né dans une ferme du Perthshire, Écosse, avec les oreilles repliées vers l'avant. Ces oreilles spéciales sont dues à un gène dominant (fold) qui produit différents stades de « pli ».

Susie présentait ce qu'on appelle un « pli simple ». La reproduction sélective a permis le développement d'une varié-té de chats à poil court baptisés Scottish Fold. Les chats des expo-sitions actuelles présentent un « triple

LES OREILLES DU SCOTTISH FOLD SONT REPLIÉES À PLAT SUR SA TÊTE.

UNE MUTATION GÉNÉTIQUE A FAIT TOURNER LES OREILLES DE L'AMERICAN CURL VERS LE CENTRE DE SA TÊTE.

pli », et leurs oreilles sont posées à plat sur leur tête, comme s'ils portaient une casquette. Susie était également porteuse du gène du poil long, éventuellement présent chez sa progéniture à poil court. Les Scottish Fold à poil long et à poil court sont des races reconnues en Amérique. En Grande-Bretagne, toutefois, la race n'est pas reconnue parce qu'une anomalie squelettique invalidante, causée par une cellule homozygote (possédant un gène des oreilles pliées sur les deux chromosomes d'une même paire, causé par le mariage de chats Fold entre eux), n'est pas visible tant que les chatons n'ont pas au moins quatre mois. Une deuxième race ayant subi une mutation surprenante est l'American Curl, dont les oreilles sont repliées en arrière, vers le centre de la tête.

Chapitre 4

Apparences félines

Types morphologiques

Debout, un chat domestique moyen mesure environ 30 cm à l'épaule et il pèse environ 5 kg.

Il existe trois types morphologiques principaux :

Bréviligne : trapu, tête ronde, pattes courtes.

Médioligne : moyennement trapu, pattes moyennes, tête un peu ronde.

Longiligne : mince, pattes longues et fines, tête étroite et cunéiforme.

DEBOUT, UN CHAT MOYEN MESURE ENVIRON 30 CM À L'ÉPAULE, MAIS SA FLEXIBILITÉ LUI PERMET DE S'ÉTIRER BEAUCOUP PLUS.

La plupart des races ne sont pas définies par la couleur ou les patrons de la robe car beaucoup partagent les mêmes attributs. Elles se différencient plutôt par la forme du corps et de la face, et parfois par certains traits physiques spéciaux, tels que les oreilles pliées du Scottish Fold ou l'absence de queue du Manx.

Les différences morphologiques correspondent à un schéma géographique allant d'ouest en est. Les chats brévilignes – corps trapu, poitrail large, pattes fortes, pieds arrondis et queue épaisse – ont évolué essentiellement par le biais de la sélection naturelle dans des climats froids. Ils sont « bâtis » pour conserver un maximum de chaleur corporelle. Les exemples modernes à poil court sont le British Shorthair, l'American Shorthair, le Manx et le Chartreux. Les chats à poil long d'origine (appelés Longhair en Grande-Bretagne et Persan aux États-Unis) ont eux aussi un

MANX

BURMESE

NORVÉGIEN

PERSAN

corps trapu et musclé qui leur permettait de supporter les hivers rudes dans les hautes montagnes de Turquie, d'Iran et du Caucase. D'autres races, comme le Norvégien, le Sibérien et le Maine Coon américain, descendent de chats de ferme qui passaient la majeure partie de leur vie dehors.

À l'autre extrême, on trouve les races orientales au corps longiligne qui ont évolué dans des climats plus chauds où il fallait au contraire perdre sa chaleur corporelle. Ces races orientales, telles que Siamois, Burmese et Tonkinois, se caractérisent par de grandes oreilles, des pattes longues, un corps svelte et une queue fine.

Les chats minces et musclés sont qualifiés de médiolignes car ils se situent entre les chats trapus des climats froids et les chats orientaux des climats chauds d'Afrique et d'Asie. Chez certaines races, comme l'Angora Turc, le Bleu Russe et l'Abyssin, on remarque des pattes fines mais musclées, et les pieds ovales et la queue longue et effilée caractéristiques des races orientales.

AMERICAN SHORTHAIR

ORIENTAL

ABYSSIN

Type de fourrure et longueur du poil

Les chats domestiques se divisent *grosso modo* en deux types principaux : à poil long et à poil court. Dans la nature, le pelage d'un chat évoluerait pour s'adapter à sa vie et à son habitat. Les premiers chats avaient sans doute le poil court, beaucoup plus facile à entretenir. Si on laissait les chats de race modernes à poil long ou à poil court se reproduire librement, en quelques générations seulement, ils retrouveraient l'apparence des chats sauvages.

Le pelage d'un chat se compose de trois types de poils : le sous-poil ou duvet, le poil de barbe intermédiaire et le poil de couverture plus long appelé poil de jarre.

Les chats ne possèdent pas tous ces trois types de poils et le Sphinx, qu'on croit nu, est en fait couvert d'un duvet.

BRITISH SHORTHAIR

PERSAN BLEU-CRÈME

SPHINX

AMERICAN WIREHAIR

DEVON REX

Même si le Devon Rex possède les trois types de poils, ils sont très déformés, ce qui donne un pelage bouclé. Chez d'autres races à poil bouclé, comme le Cornish Rex et l'American Wirehair, il n'y a pas de poil de jarre et la fourrure est alors très douce et frisée. Le Mandarin, une race orientale moderne, n'a pas de sous-poil laineux, ce qui lui donne une robe fine et soyeuse, tandis que le Persan possède le duvet le plus dense et le poil de jarre le plus long, jusqu'à 12 cm.

PERSAN

MANDARIN

43

Marques et patrons de robe

Malgré l'éventail incroyable de couleurs et de patrons présents chez les races modernes, sous cette fourrure extravagante, tous les chats sont fondamentalement tabby. L'ancêtre du chat domestiqué moderne étant le chat sauvage d'Afrique, tous les chats ont hérité du gène tabby. Comme son instinct de chasseur, ce gène est un témoignage de ses origines et un rappel qu'il peut y retourner à tout moment. Le mot « tabby » viendrait de Attabiya, un quartier de Bagdad, en Irak, où l'on fabriquait une soie moirée, le taffetas, dont le motif ressemblait à celui du pelage du chat.

TABBY – EXOTIC SHORTHAIR

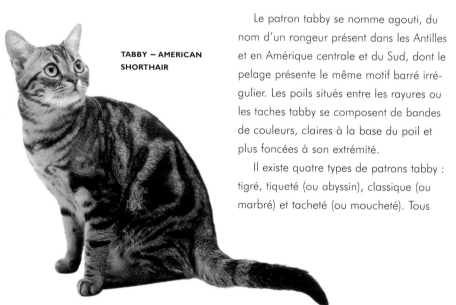

TABBY – AMERICAN SHORTHAIR

Le patron tabby se nomme agouti, du nom d'un rongeur présent dans les Antilles et en Amérique centrale et du Sud, dont le pelage présente le même motif barré irrégulier. Les poils situés entre les rayures ou les taches tabby se composent de bandes de couleurs, claires à la base du poil et plus foncées à son extrémité.

Il existe quatre types de patrons tabby : tigré, tiqueté (ou abyssin), classique (ou marbré) et tacheté (ou moucheté). Tous

PATRON TABBY TACHETÉ — BRITISH SHORTHAIR   **PATRON TABBY TIGRÉ — NORVÉGIEN**

sont des mutations du même gène tabby naturellement dominant, l'allèle agouti. Les rayures du tigré forment des lignes minces et parallèles, de la colonne vertébrale vers les flancs et le ventre. Le tabby classique a sur les flancs des rayures plus larges, en forme d'huîtres et marbrées en leur milieu. Le tabby tiqueté a un motif plus subtil. Le tiquetage est produit par des bandes de couleur différente sur chaque poil et le

PATRON TABBY TIQUETÉ — PIXIE-BOB

PATRON TABBY CLASSIQUE — MAINE COON

gène responsable a d'abord été remarqué chez l'Abyssin. Comme son nom l'indique, le tabby tacheté a des taches sur le corps qui se forment là où les rayures tabby sont interrompues. Ces taches suivent parfois un schéma plus aléatoire (Mau Égyptien) ou encore les courbes du tabby classique sur les flancs (Ocicat).

MAU ÉGYPTIEN

Bien que tous les chats héritent d'une forme de l'allèle agouti, l'élevage sélectif a permis de créer toute une gamme de patrons de robes : unis, tachetés, tipped et pointés. Dans la nature, ces nouveaux patrons auraient réduit la capacité du chat à se camoufler pour chasser. En tant qu'animal domestique ne comptant plus sur la chasse pour survivre, ces patrons produits par mutation génétique sont prisés pour leur beauté.

Les généticiens ont qualifié l'allèle agouti de dominant et ils ont noté le gène A. Un chat qui hérite d'au moins un gène A aura une robe à motif et il se note A-.

OCICAT

Les couleurs

Les couleurs unies sont dues à un gène récessif, l'allèle non agouti, noté a. Le chat qui hérite de ce gène de ses deux parents (aa) aura une robe unie uniforme, même si, en y regardant de plus près, on pourrait trouver des marques tabby cachées – marques fantômes – visibles chez les chatons, mais qui disparaissent quand leur pelage prend de la maturation.

COULEUR UNIE – BRITISH SHORTHAIR

La première mutation à avoir transformé le poil tabby à bandes agouti en couleur unie était probablement le noir, puisqu'on retrouve cette couleur chez d'autres félins tels que léopards et panthères. D'autres mutations ont eu lieu pour le roux et le blanc, accompagnées de dilutions de couleurs unies, et ces quelques variations génétiques sont le point de départ des nombreuses couleurs de robes présentes chez les races de chats modernes.

Tous les poils de couleur renferment un pigment, la mélanine. Celle-ci se compose de l'eulamélanine produisant des granules pigmentaires noirs et bruns et de la phaeomélanine produisant des granules pigmentaires roux et jaunes. La couleur des poils

CHAT ROUX

dépend de la présence ou de l'absence de ces granules dans la tige de chaque poil. Les granules pigmentaires sont fabriqués dans les cellules de la peau appelées mélanocytes, et l'emplacement et la disposition de ces cellules sur le corps du chat sont génétiquement déterminés. Certains patrons et couleurs se sont répandus dans certains pays et pas ailleurs. Cette disparité est due à l'influence génétique à long terme des premiers membres d'une population de chats sur les générations futures, ce qu'on appelle l'effet fondateur.

PERSAN NOIR

Génétique féline

L'origine des caractères transmis se situe dans les gènes du chat : chaque cellule possède un noyau, lequel renferme 38 chromosomes disposés en 19 paires. Chaque chromosome est formé d'une double hélice d'ADN (acide désoxyribonucléique), elle-même composée de milliers de gènes. Chaque gène se compose de quatre protéines désignées par A, T, C et G. La combinaison de tous ces gènes fournit l'information nécessaire pour « fabriquer » un chat.

Chaque fois qu'une cellule meurt, une nouvelle est fabriquée et les chromosomes sont copiés. De l'ARN (acide ribonucléique) est produit pour relier les deux brins de la double hélice, utilisée ensuite comme support sur lequel former un nouvel ADN. Normalement, cette duplication est parfaite, mais il se produit parfois une « erreur » ou mutation génétique, le

LE SNOWSHOE EST LE FRUIT D'UN CROISEMENT SIAMOIS ET AMERICAN SHORTHAIR.

taux d'« erreurs » étant de un gène sur un million de duplications !

L'information contenue dans les gènes se transmet de génération en génération. Les ovules et les spermatozoïdes ne comportent que 19 chromosomes chacun. Lors de la fécondation, les 19 chromosomes de l'ovule se joignent aux 19 du spermatozoïde, créant un nouvel ensemble de 19 paires. Un chaton hérite donc une moitié de ses caractéristiques de sa mère et l'autre moitié de son père.

Une information spécifique, telle que la couleur et les marques de la robe, est

CHAQUE PARENT TRANSMET AU CHATON UNE MOITIÉ DE SES CARACTÉRISTIQUES.

TONKINOIS

toujours localisée au même site sur chacun des chromosomes. Dans une paire de chromosomes, cette paire de sites se nomme l'allèle. Si les deux chromosomes portent la même information, les instructions sont homozygotes. Si les instructions des deux chromosomes présents sur le site allélique renferment des informations différentes, les instructions sont hétérozygotes.

Des variations génétiques au niveau des caractéristiques, telles que longueur, patron ou couleur de la robe, sont dites dominantes lorsqu'une seule copie de l'information chromosomique (une moitié de paire de chromosomes) est requise pour exprimer la variation. S'il faut les deux copies (des deux chromosomes de la paire) pour qu'une variation soit visible, on parle de caractère récessif. Les caractères félins d'origine, tels que l'allèle agouti *A* du chat tabby et le caractère d'origine du poil court *L*, ont tendance à être dominants. Lors des mutations, des gènes récessifs sont apparus qui ont donné de nouvelles variations, comme le gène non agouti *a* pour le chat à pelage uni ou unicolore et le gène récessif du poil long *l*.

Même un chat qui présente un caractère dominant – marques tabby ou poil court, par exemple – peut être porteur d'un caractère récessif – couleur unie ou poil long – caché dans ses gènes. Un chat qui présente un caractère récessif est obligatoirement homozygote. En revanche, deux chats à poil court hétérozygotes, tous deux porteurs d'allèles *Ll* (*L* dominant du poil court et *l* récessif du poil long) engendreront deux chatons *Ll* (un gène dominant, un gène récessif = poil court), un chaton *LL* (deux gènes dominants = poil court) et un chaton à poil long porteur de deux gènes récessifs *ll*. Trois chatons étant à poil court, leur apparence physique n'indique pas lesquels d'entre eux sont porteurs du gène récessif *l*, qui leur permettrait d'engendrer des chatons à poil long.

En plus du gène dominant agouti *A* du motif tabby et du gène dominant *L* du poil court, les caractères dominants félins sont : *B* (noir), *C* (couleur unie ou uniforme), *D* (couleur dense, foncée), *I* (inhibition ou argenté), *S* (taches blanches ou bicolore), *T* (tabby tigré), T^a (tabby tiqueté), *W* (blanc, masque toutes les autres couleurs) et *O* (orange ou roux lié au sexe).

PERSAN

Les chats à robe d'une couleur unie dense noire, chocolat, cannelle et rousse liée au sexe doivent être porteurs d'au moins une copie du gène *D* (dense) dominant qui donne des poils très pigmentés d'une couleur riche et profonde. Les autres chats, à robe « diluée », bleu, lilas, faon et crème lié au sexe, possèdent deux copies du gène récessif de la dilution *d* qui produit une quantité moindre de granules pigmentaires sur chacun des poils et crée

BRITISH SHORTHAIR BLEU

des effets colorés plus pâles. On pense qu'il existe un autre gène modificateur de la dilution, noté D^m. Il serait plus dominant que le gène *d*, mais peut interagir avec lui. Si un chat est porteur du caractère dilué *dd* et du gène D^m, on verra une modification supplémentaire de sa couleur : caramel ou abricot!

PERSAN ÉCAILLE ET BLANC

ABYSSIN ROUX

ORIENTAL BLANC

Couleur liée au sexe : Mâles roux et femelles écaille

On pense que le gène responsable du roux (rouge ou orange) est localisé sur un site spécifique du chromosome X qui détermine le sexe. Sous sa forme dominante, le gène O lié au sexe donnera un chat à poil roux. Sous sa forme récessive o, il permettra à la couleur du chat, quelle qu'elle soit, de s'exprimer.

Un mâle porteur de la combinaison XY – un chromosome X mâle et un Y femelle – ne peut avoir qu'une seule copie du gène. S'il est porteur du gène O, il sera roux. S'il est porteur du gène o, il pourra être de n'importe quelle autre couleur. La femelle qui a une combinaison chromosomique XX possède deux copies du gène. Si elle est porteuse de deux copies de O, elle sera rousse, mais si elle est porteuse de deux gènes récessifs o, elle sera d'une autre

couleur. C'est la combinaison de gènes oo qui la rendra écaille (tortie). Cette mosaïque étant le résultat de l'interaction de tous les gènes responsables de la coloration, il est possible d'avoir des chats écaille dans les couleurs unies ou diluées.

Le gène qui domine tous les autres est le blanc W, qui peut donner un chat entièrement blanc ou, combiné au gène S, à taches blanches. Les chats bicolores ou tricolores ont une robe blanche avec des taches de couleur. Il existe deux types de bicolore. Le bicolore standard exige une coloration sur un tiers à la moitié du corps du chat, le blanc étant limité aux pattes et à la culotte. Le patron van – à l'origine exclusif au Turc de Van mais désormais présent chez d'autres chats – consiste en une prédominance de blanc, associée à des taches unies ou écaille présentes uniquement sur la tête et la queue.

Les races de chats occidentales – British et American Shorthair, Européen à poil court, Maine Coon et Norvégien – sont

TURC DE VAN

BRITISH SHORTHAIR BICOLORE CRÈME ET BLANC

toutes issues des couleurs traditionnelles : noir et sa dilution bleu, rouge et sa dilution crème, blanc uni et versions bicolores. Dans les pays d'Orient, les couleurs originales étaient chocolat et sa dilution lilas, cannelle et sa dilution faon. Avec les races modernes, on a transféré les couleurs de robe d'ouest en est, d'est en ouest et d'une race à une autre. Il est maintenant possible d'obtenir un British Shorthair dans des couleurs « orientales » et des chats orientaux, comme le Burmese, dans des couleurs « occidentales » telles que roux et crème.

Éleveurs et associations félines donnent parfois à la même couleur « génétique » des noms différents. Ainsi, lilas s'appelle aussi lavande. Les Orientaux à poil court noirs sont dits « ebony » et les Orientaux à poil court chocolat se nomment « havana » ou « chestnut ».

BURMESE CRÈME – UN CHAT ORIENTAL D'UNE COULEUR « OCCIDENTALE »

Chapitre 5
Répertoire des races

Les chats à poil long

Dans la nature, il n'existe aucun félin à poils longs, même si certains, comme le lion, peuvent posséder une collerette ou une crinière. Même le tigre de Sibérie et le léopard des neiges, qui subissent tous les deux des hivers particulièrement rudes, n'ont des poils que d'environ 12 cm, ce qui est plutôt court en comparaison des chats domestiques à poils longs. Chez un félin sauvage, des poils longs seraient embarrassants : ils s'emmêleraient, se prendraient dans les ronces, abriteraient des parasites et seraient impossibles à entretenir.

DANS LA NATURE, LE LION POSSÈDE UNE COLLERETTE OU CRINIÈRE PLUS LONGUE.

LA LONGUE ROBE DU MAINE COON EST IMPERMÉABLE, UNE CARACTÉRISTIQUE QUI S'EST DÉVELOPPÉE AVEC LE TEMPS POUR RÉPONDRE À UN ENVIRONNEMENT NATUREL RUDE.

LES CHATS À POIL LONG SONT LE
PRODUIT DE LA DOMESTICATION ET
ILS NE SONT APPARUS EN EUROPE
QU'AU 17E SIÈCLE.

Ce n'est qu'au 17e siècle qu'on parle pour la première fois d'un chat à poil long en Europe quand Pietro della Valle importe un Persan en Italie. À la fin du même siècle, le scientifique et voyageur français Nicholas Fabri de Peiresc rapporte de Turquie un chat à poil long et l'on donne aux premiers chats véritablement décrits comme étant à poil long le nom d'Angoras, du nom de la capitale de la Turquie – de nos jours Ankara – où ces chats étaient présents depuis des siècles.

À l'époque des expositions félines du 19e siècle, les Persans apparemment venus de la province perse de Chorazan et les Angoras étaient connus en Europe et considérés comme des animaux de compagnie qui témoignaient du rang social. Le Persan est devenu le plus luxueux et l'Angora a bientôt disparu des expositions et des foyers.

Pour la plupart des gens, le nom Persan est synonyme de chat à poil long. En Grande-Bretagne, la CFA utilise officiellement l'appellation « à poil long » pour les

ANGORA TURC

chats de couleur unie, les autres couleurs étant classées comme races distinctes. Aux États-Unis, ces chats sont encore appelés Persans et les différentes couleurs sont inscrites comme variétés.

Après l'exposition féline au *Crystal Palace* de Londres, en 1871, les standards pour les Persans et les Angoras ont été fixés par Harrison Weir. La reproduction a conservé le corps trapu comme caractéristique essentielle, mais les faces sont plus courtes et les robes beaucoup plus longues.

Il existe toutefois des chats à poil long autres que des Persans, et qui sont originaires de climats où une robe longue et épaisse est un atout. Le Norvégien et le Maine Coon ont un type morphologique différent du Persan, ayant des pattes et un tronc plus fins, une face plus étroite et un nez plus long. Malgré leur poil long, ces chats ne demandent pas autant d'entretien que leurs cousins « exotiques » qui perdent des poils par poignée à chaque caresse !

NORVÉGIEN

59

Mandarin/Oriental à poil long

Apparition : années 1970

Origine : Grande-Bretagne

Ascendance : croisements Siamois et Abyssins

Autres noms : Javanais (Europe), Angora (GCCF)
et Oriental Longhair (États-Unis)

Couleurs :

Unies : noir, chocolat, cannelle, roux, bleu, lilas,
faon, crème,

Écaille : écaille de tortue, écaille (chocolat,
cannelle, bleu, lilas, faon et caramel)

Fumé, ombré, argenté ombré et tipped :
comme les couleurs unies ou écaille, sauf blanc

Tabby (tous les patrons) : brun, chocolat,
cannelle, roux, bleu, lilas, faon, crème, caramel,
écaille de tortue, écaille (chocolat, cannelle,

Tabby argenté (tous les patrons) : comme
pour les tabby normaux

Longueur de robe : mi-longue

Type de fourrure : très fine, a tendance à boucler,
sous-poil peu garni

Poids : 2,5 à 5,5 kg

MANDARIN NOIR

Le Mandarin porte quelque peu à confusion. En effet, le GCCF l'appelle Angora. En Europe continentale, il se nomme Javanais, alors que certaines associations félines nord-américaines emploient ce terme pour qualifier certaines couleurs de Balinais. Aux États-Unis, il est connu sous le nom de Oriental Longhair.

Le plus important, c'est de savoir que le Mandarin n'a aucun lien avec les Orientaux à poil long ou l'Angora Turc. Le Mandarin a été développé au Royaume-Uni au milieu des années 1960 en accouplant un Abyssin sorrel (roux) et une Siamoise seal point dans le but de créer un Siamois à pointes tiquetées! La progéniture a hérité du caractère cannelle et du gène du poil long, qui ont conduit à la création du premier Mandarin.

MANDARIN NOIR ARGENTÉ OMBRÉ

61

Le Mandarin a un caractère semblable aux autres chats orientaux. Enjoué et curieux, il aime aussi les longues périodes d'inactivité qu'il passe à dormir dans un endroit chaud et confortable. Il a une robe très fine, soyeuse, dépourvue de sous-poil laineux, qui demande moins d'entretien que le Persan. Le poil est couché sur le corps. La maturation du poil du Mandarin est longue et les jeunes chats ont pendant un certain temps un pelage court. Le corps est porté par des pattes longues, fines et bien musclées – les antérieures sont plus courtes que les postérieures – qui se terminent par des petits pieds ovales aux doigts pourvus de touffes de poils. La queue longue, effilée et touffue est portée haute. Les oreilles sont grandes et dressées sur une tête petite (en proportion du corps) et cunéiforme. Les yeux, grands et en amande, sont verts pour toutes les couleurs, sauf pour les chats blancs qui ont des yeux bleus ou vairons.

MANDARIN NOIR

Angora Turc

On a d'abord dit que l'Angora Turc descendait du manul ou chat de Pallas (*Felis manul*) présent dans les steppes, terrains montagneux et régions boisées d'Asie centrale. Ce superbe chat sauvage est gris orangé et possède des marques blanches et noires sur la tête. L'histoire veut que les Tartares l'aient domestiqué et amené en Turquie. Il semble plutôt que l'Angora Turc soit un parent éloigné du Persan, les deux lignées ayant évolué séparément au fil des siècles, et que l'Angora Turc se soit établi dans la capitale turque, Angora (de nos jours Ankara). Il semblerait que le gène du

Apparition : années 1400

Origine : Turquie

Ascendance : inconnue, peut-être chats domestiques

Autres noms : aucun

Couleurs :

Unies et écaille : blanc, noir, roux, bleu, crème, écaille et bleu crème

Fumé, ombré : comme les couleurs unies ou écaille, sauf blanc

Tabby (classique et tigré) : brun, roux, bleu et crème

Tabby argenté (classique et tigré) : argent

Longueur de robe : mi-longue

Type de fourrure : fine et soyeuse, sous-poil négligeable

Poids : 2,5 à 5 kg

ANGORA TURC BLANC

poil long ait muté – ou se soit propagé – à un groupe de chats au corps longiligne. Les possibilités de reproduction à l'extérieur du groupe étant limitées, le caractère poil long s'est fixé, et un chat à poil long de race pure à corps longiligne s'est développé.

Au 16e siècle, le Sultan a envoyé des Angoras Turcs en Europe en guise de cadeaux diplomatiques et c'était les premiers chats à poil long que l'on voyait sur ce continent. Au début, ils étaient très populaires, mais ils ont perdu du terrain au profit des Persans et des nouvelles races à poil long. Alors qu'ils continuaient à prospérer dans leur pays d'origine, à la fin de la Seconde Guerre mondiale, l'Angora Turc

avait disparu d'Europe. Dans les années 1950 et 1960, cependant, des couples d'Angoras Turcs ont été achetés du zoo d'Ankara et envoyés aux États-Unis où un programme d'élevage a été mis sur pied tandis que d'autres Angoras Turcs étaient envoyés en Suède et en Grande-Bretagne. Ces chats sont les ancêtres des Angoras Turcs d'Amérique du Nord et d'Europe.

À bien des égards, l'Angora Turc ressemble au Mandarin (voir page 60); ils ont tous les deux un corps longiligne et des pattes longues et fines. Ils ont des petits pieds, des touffes de poils entre les doigts et une petite tête cunéiforme. Les oreilles sont grandes et dressées, et la queue uni de la racine à l'extrémité du poil – et fumé. Au repos, l'Angora Turc fumé a l'air d'être d'une seule couleur, mais quand il bouge, les teintes subtiles du sous-poil deviennent visibles.

Le plus grand favori reste l'Angora Turc blanc qui, malheureusement, comme les chats blancs de la plupart des autres races, est souvent sourd d'une oreille ou des deux. Pour de nombreux félinophiles, le blanc aux yeux vairons – un bleu et un orange – demeure la combinaison classique de la race pure d'origine.

longue, touffue et verticale. La robe mi-longue est très fine et soyeuse et elle miroite quand le chat bouge. Une mue a lieu l'été et l'Angora Turc ressemble alors davantage à un chat à poil court, sauf au niveau de sa queue.

En Turquie, les Angoras étaient de nombreuses couleurs et, de nos jours, ils sont reconnus dans une vaste gamme de couleurs, teintes et patrons, comme écaille et blanc, noir – qui doit être noir charbon et

Balinais

Apparition : années 1950

Origine : États-Unis

Ascendance : Siamois à poil long

Autres noms : parfois appelé Javanais aux États-Unis

Couleurs :

Reconnues par la CFA : lilas point, bleu point, chocolat point et seal point

Autres couleurs/variants : Couleurs de pointes des Javanais à la CFA – seal point, seal tortie tabby point, chocolat tortie point, red tabby point, bleu tabby point, seal tabby point et chocolat tabby point

Longueur de robe : mi-longue, a tendance à boucler, en général plus courte que d'autres races à poil long

Type de fourrure : fine et soyeuse, sans sous-poil

Poids : 2,5 à 5 kg

Pendant de nombreuses années, des chatons à poil long naissaient de temps à autre dans les portées de certaines lignées de Siamois. En 1928, un Siamois à poil long a été enregistré en Grande-Bretagne auprès de la CFA, mais en général, cette progéniture à poil long était considérée par les éleveurs et les amateurs comme ayant un « défaut » puisque leur poil long empêchait ces chats d'être présentés comme Siamois. Ils étaient vendus pour la plupart comme chat domestique. Dans les années 1940, Marion Dorsey a produit des chatons Balinais et des éleveurs des États-Unis ont commencé à travailler pour obtenir la reconnaissance de ce chat comme race à part entière. Sachant que le gène du poil long *l* (voir pages 49-53) est un caractère récessif, tout Siamois à poil long doit être homozygote (pure race) relativement au poil long. Il doit donc porter deux gènes de poil long et tout chaton né de l'accouplement de deux chats similaires aura aussi le poil long.

En 1955, on a présenté des « Siamois à poil long », mais les éleveurs de Siamois ont protesté contre cette appellation. On a donc rebaptisé la race Balinais, en raison des mouvements gracieux et des lignes sveltes du chat qui rappelaient les mouvements des danseuses de l'île indonésienne, même si le chat est originaire de l'Amérique du Nord !

Le Balinais ressemble beaucoup au Siamois : corps long, mince à ossature fine; tête longue et cunéiforme; yeux en amande d'un bleu profond. Vue de face, la tête du Balinais est large entre les oreilles (qui peuvent avoir des plumets) et elle se rétrécit en une ligne droite jusqu'au museau fin. De profil, le nez doit être droit et le menton fort. Le Balinais est un chat d'allure très élégante. La robe est mi-longue, sans le sous-poil touffu des autres chats à poil long, et le poil reste plus ou moins couché sur le corps, ce qui facilite l'entretien et évite au pelage de s'emmêler comme chez les autres chats à poil long.

BALINAIS CRÈME POINT

67

De loin, on peut facilement prendre un Balinais pour un Siamois... jusqu'à ce qu'on voie sa queue. Elle est longue et en panache, et comme pour les Siamois, aucune déformation n'est acceptée. Quant à la coloration, à l'instar des autres chats à poil long à pointes colorées, le contraste entre la couleur du corps et des pointes est moins prononcé que chez le Siamois. En

BALINAIS SEAL TORTIE POINT

Amérique, la CFA ne reconnaît que quatre couleurs de pointes de base : seal, bleu, chocolat et lilas. Les éleveurs d'autres associations en Grande-Bretagne et en Australie ont produit des Balinais red point, crème point, tortie point et tabby point, qui sont reconnus par la CFA sous le nom de Javanais (voir remarque ci-contre). Comme pour tous les chats à pointes colorées, la robe du Balinais fonce avec l'âge, ce qui rend la carrière d'un chat en exposition assez courte.

Comme animal de compagnie, le Balinais possède bien entendu de nombreuses caractéristiques du Siamois. C'est un acrobate – son corps tubulaire lui permet de faire des prouesses dans des espaces restreints. Il adore grimper – surtout aux rideaux –, jouer dans les sacs d'emplettes et, bien souvent, il monte sur les épaules de son propriétaire. Très affectueux, il demande aussi beaucoup d'attention en retour, tout en affichant un air distant. Enjoué et fougueux, le Balinais est presque (mais pas tout à fait) aussi bavard que le Siamois.

Remarque :

En Amérique du Nord, le nom Javanais désigne les variétés de Balinais qui ne correspondent pas aux quatre couleurs de pointes siamoises traditionnelles. En Grande-Bretagne, le Javanais est une race distincte, le résultat d'essais destinés à recréer le Mandarin (ou, comme on l'appelle là-bas, l'Angora). Le Javanais a reçu le droit de concourir en championnat en 1984 et il a été récemment introduit aux États-Unis.

Birman

Apparition : inconnue

Origine : Birmanie (de nos jours le Myanmar)
ou France

Ascendance : controversée

Autres noms : Sacré de Birmanie

Couleurs :

Unies point et tortie point: seal, chocolat, red,
bleu, lilas, crème, seal tortie, bleu tortie, lilas
tortie et chocolat tortie

Tabby point : mêmes couleurs que ci-dessus

Longueur de robe : longue, légèrement bouclée sur
l'estomac, collerette complète

Type de fourrure : fine et soyeuse, ne s'emmêle
pas et ne fait pas de nœud

Poids : 4,5 à 8 kg

Par sa coloration claire, ses pointes (masque,
oreilles, queue et pattes) foncées et sa
longue robe, le Birman ressemble à
l'Himalayen (voir page 79), à l'exception
des gants blancs sur ses pieds, probablement dus à un gène récessif des taches
blanches, mais l'histoire des origines du
Birman est beaucoup plus romantique.

Selon la légende, avant l'avènement de
Bouddha, le peuple khmer bâtissait en Asie
du Sud-Est de magnifiques temples en
l'honneur de leurs dieux, en particulier la
déesse Tsun-Kyan-Ksé. Une statue en or de

BIRMAN SEAL TABBY POINT

BIRMAN BLEU TABBY POINT

la déesse aux yeux de saphir était gardée au temple de Lao-Tsun par 100 chats d'un blanc pur. L'un de ces chats, nommé Sinh, était le compagnon de Mun-Ha, un vieux moine à la barbe d'un blanc argenté. Une nuit, des bandits attaquèrent le temple et tuèrent Mun-Ha qui était agenouillé devant la statue de la déesse. Sinh bondit aussitôt sur le corps de son maître. L'âme du moine pénétra le chat et, ce faisant, les yeux de l'animal devinrent

bleu saphir, comme ceux de la déesse. La face, les oreilles et les pattes du chat prirent la couleur de la terre, mais ses pieds restèrent d'un blanc pur car ils avaient touché la barbe du moine. (Sur les pattes arrière du Birman, les gants blancs se prolongent jusqu'à l'arrière du jarret, ce qu'on appelle des éperons.)

La métamorphose surprit les autres moines et leur donna le courage de combattre les assaillants. Sept jours plus tard, Sinh mourut, emmenant avec lui au paradis l'âme du moine Mun-Ha. Le lendemain matin, tous les autres chats blancs du

BIRMAN BLEU POINT

71

temple avaient aussi été métamorphosés et, de ce jour-là, les chats sacrés dorés furent protégés par les moines qui croyaient que l'âme des frères défunts habitait ces animaux.

Dans les années 1920, des éleveurs français introduisent le Birman en Europe. Les Birmans français d'origine sont censés avoir été offerts par les moines d'un nouveau temple de Lao-Tsun, dans les montagnes du Tibet. Un couple aurait été envoyé en France, mais le mâle serait mort en chemin. La femelle étant enceinte, elle serait à l'origine de la race birmane en France. Une version moins romantique veut que la race ait été produite en France en accouplant des Siamois et des chats à poil long noir et blanc. Quelle que soit son origine, le Birman est un chat superbe qui s'était bien établi en France jusqu'à la

BIRMAN CHOCOLAT POINT

BIRMAN CHOCOLAT

BIRMAN TABBY ROUX

BIRMAN SEAL POINT

Seconde Guerre mondiale, où la population féline a été décimée. Après la guerre, la race ne comptait plus que deux individus et il a fallu un certain temps avant qu'elle ne se régénère complètement. Le Birman a été introduit en Angleterre en 1966 et aux États-Unis en 1967.

Chat puissant au corps trapu, aux pattes solides et aux pieds ronds, le Birman est très doux et d'une grande intelligence. Sa

73

BIRMAN BLEU POINT

robe n'est pas aussi duveteuse que l'Hima-layen, mais plus soyeuse et elle est similaire à celle de l'Angora Turc en longueur et en texture. Il porte une collerette en hiver. Pour bien des félinophiles, la caractéristique la plus frappante du Birman, ce sont ses yeux presque ronds, légèrement bridés et d'un magnifique bleu saphir profond.

Seal point et bleu point étaient les cou-leurs originales de la race introduite par les Français dans les années 1920. Pour cer-tains puristes, ces couleurs demeurent les

BIRMAN LILAS POINT

seules vraies couleurs du Birman, même si les éleveurs ont introduit d'autres colorations des pointes, dont le chocolat et le lilas (où les pointes sont d'un gris rosé et le cuir du nez assorti), red, tortie et tabby point qui doivent montrer des marques de froncement nettes entre les yeux et des lunettes plus claires, ainsi que des patrons mouchetés, des pattes rayées et une queue annelée. Aux États-Unis, certains éleveurs ont produit des chats à patron birman à poil court, appelés Snowshoe (voir page 152).

BIRMAN SEAL TORTIE POINT

BIRMAN RED POINT

75

Turc de Van

Apparition : avant le 18e siècle

Origine : région du lac de Van, Turquie

Ascendance : chats domestiques

Autres noms : « chat nageur »

Couleurs : robe blanche, marques sur la face et la queue dans les couleurs reconnues

Bicolores : auburn, crème et blanc; yeux ambre, bleus ou vairons

Autres couleurs : noir, bleu, écaille de tortue, bleu crème, avec blanc

Longueur de robe : longue (la robe est plus longue en hiver qu'en été)

Type de fourrure : fine et soyeuse, sans sous-poil

Poids : 3 à 8,5 kg

Seul chat à aimer l'eau, le Turc de Van adore nager. Parmi les grands félins, seul le tigre est un puissant nageur.

Cette race de chat est domestiquée depuis plusieurs centaines d'années dans la région du lac de Van, en Turquie. À l'instar de l'Angora Turc, le Turc de Van avait peu d'occasions de se reproduire à l'extérieur de sa région natale. Le caractère poil long a pu se fixer et ce chat est devenu une race pure à poil long et au corps longiligne. La

TURC DE VAN AUBURN

ET BLANC

légende veut que la flamme parfaite au centre du front de ce chat soit l'empreinte du pouce d'Allah et l'on affirme également que les chats vivant dans la ville de Van sont tous blancs aux yeux vairons : un vert et un bleu. Vrai ou faux, toujours est-il que la couleur spécifique du Turc de Van en fait un chat si particulier qu'on a aussi donné son nom à ce patron lorsqu'il se présente chez d'autres races.

L'histoire moderne du Turc de Van débute en 1955 quand deux touristes britanniques ramènent deux chats comme souvenir de vacances et qu'ils en font ensuite la reproduction au Royaume-Uni. Même si la race se répand rapidement dans toute l'Europe, elle n'est acceptée dans les livres des origines qu'en 1969. En 1982, les Turcs de Van parviennent en Amérique du Nord où ils sont homologués par la CFA et la TICA.

Le GCCF n'accepte que les couleurs auburn et crème alors que les autres livres des origines permettent toutes les couleurs à base de noir. Si pour les autres races, on utilise le mot « roux », les éleveurs de Turcs de Van utilisent l'appellation plus poétique « auburn » dans laquelle, idéalement, la robe devrait être blanc craie et les marques rousses limitées au haut de la tête (les marques ne doivent pas dépasser le niveau des yeux ou la base des oreilles) et la queue touffue, qui est de la même longueur que le corps du chat. Le motif auburn, assorti de grands yeux ambre, ovales et cerclés de rose, constituait l'apparence originale du Turc de Van à son arrivée en Occident dans les années 1950.

Des Turcs de Van écaille et blanc sont apparus quand on a introduit le noir dans la race, mais ce patron est difficile à reproduire selon les standards de la race, car des taches de couleur apparaissent souvent sur le corps. Les Turcs de Van écaille parfaits pour les concours sont rares, mais il en existe beaucoup comme animaux de compagnie.

Dans leur Turquie natale, les Turcs de Van ont développé une fourrure très épaisse et imperméable pour se protéger des températures glaciales. En été, leur mue est importante et ils perdent presque toute leur robe d'hiver. Ce chat est très musclé et son corps est bien proportionné pour nager : corps long, pattes de longueur moyenne et pieds arrondis et petits, avec des touffes de poil entre les doigts et des coussinets roses. Le Turc de Van a un caractère indépendant, hérité de ses ancêtres, des chats de la campagne habitués à des températures extrêmes et à une vie dure.

Himalayen

Apparition : années 1950
Origine : Royaume-Uni et États-Unis
Ascendance : Persans et Siamois
Autres noms : Persan Colourpoint, Colourpoint Longhair
Couleurs : corps ivoire/crème avec toutes les couleurs
   de pointes possibles
Longueur de robe : longue (12 cm)
Type de fourrure : très épaisse et soyeuse, sans sous-
   poil laineux
Poids : 3,5 à 7 kg

HIMALAYEN CHOCOLAT

HIMALAYEN RED POINT

L'Himalayen est une race de chat née de l'élevage expérimental qui visait à trouver des solutions aux maladies génétiques des chats. Dans les années 1920, un généticien suédois, Dr Tjebbes, croise des Siamois, des Persans et des Birmans. Puis, dans les années 1930, deux chercheurs de la Faculté de médecine d'Harvard décident qu'il faut poursuivre la reproduction – cette fois-ci avec des chats au pedigree connu – pour déterminer la transmission de certaines caractéristiques. Ils accouplent des Siamois avec des Persans fumé, tabby argenté ou noirs, mais cette fois-ci dans le but de créer délibérément un chat à patron siamois, avec la robe et le type morphologique d'un Persan.

Le premier chaton Himalayen naît en 1935. Entre-temps, d'autres éleveurs font eux aussi des essais aux États-Unis et en Grande-Bretagne dans le but de développer cette race de chats magnifiques, dont le nom vient du lièvre de l'Himalaya. En Grande-Bretagne, la race baptisée Colourpoint Longhair est acceptée en 1955.

Aux États-Unis, l'élevage d'Himalayens pure race commence sérieusement dans les années 1950, mais ce n'est qu'en 1957 que deux Himalayens sont présentés en exposition à San Diego, Californie, où ils font sensation. La race est reconnue par la CFA en 1958.

Même s'il n'est pas la seule race à patron siamois et poil long, on reconnaît

tout de suite l'Himalayen à sa tête large,
ses oreilles petites au bout arrondi, ses
pattes courtes, épaisses et fortes, sa queue
touffue, son nez court et sa robe longue,
épaisse et soyeuse. Les juges considèrent
des pointes d'une couleur dense et un
corps d'une couleur pâle comme
l'idéal, mais sa fourrure
longue empêche

HIMALAYEN LILAS POINT

l'Himalayen d'avoir des pointes d'une couleur aussi dense que les Siamois. Chez les Siamois, l'effet est influencé par la température. Le poil de l'Himalayen étant plus long, il retient davantage l'air que ne le fait le poil court et couché du Siamois, ce qui atténue la couleur des pointes. Une fois le chat à maturité, le masque de l'Himalayen couvrira toute la face, mais il ne doit pas s'étendre sur le reste de la tête – les étalons ont des masques plus étendus que les femelles reproductrices.

Dans les premiers temps, certaines associations ne reconnaissaient que certaines couleurs, mais actuellement, toutes les couleurs suivantes sont reconnues : seal point, bleu point, chocolat point, lilas point, red point, toutes les couleurs de tortie point et de tabby point. En cherchant à produire un Himalayen de couleur chocolat unie, on a croisé des Himalayens avec des Burmese. La progéniture est à l'origine d'une nouvelle race baptisée Tiffanie (voir page 104).

Maine Coon

Le Maine Coon, surnommé le « doux géant », est l'une des races naturelles les plus anciennes en Amérique du Nord. On le suppose originaire de l'État américain du Maine et la légende voudrait qu'il soit le fruit de l'union entre des chats domestiques mi-sauvages et des ratons laveurs (*racoon* en anglais). Bien que génétiquement impossible, cette légende justifie sa queue touffue, ses rayures sombres semblables à celles du raton laveur et son nom. Une autre version prétend que la reine Marie-Antoinette, préparant sa fuite durant la Révolution française, aurait envoyé ses chats aux États-Unis pour qu'on en prenne soin en attendant leurs retrouvailles.

Apparition : années 1860
Origine : États-Unis
Ascendance : chats de ferme
Autres noms : Maine Cat, Maine Shag
Couleurs : tous les patrons et couleurs de robe, sauf chocolat, lilas et patrons siamois
Longueur de robe : mi-longue
Type de fourrure : fourrure double, épaisse
Poids : 4 à 10 kg

MAINE COON TABBY ARGENTÉ ET BLANC

Aussi charmantes que soient ces histoires, le Maine Coon serait plutôt le résultat de croisements entre des Angoras introduits aux États-Unis par des marins de la Nouvelle-Angleterre et des chats domestiques à poil court. Certains amoureux du Maine Coon prétendent que ces chats porteurs du gène du poil long auraient été apportés par les Vikings venus du Groenland et d'Islande. Une pièce de monnaie scandinave datant du 11e siècle a été trouvée au Maine et l'on sait que les peaux de chat servaient de bien d'échange.

Au 19e siècle, le Maine Coon était devenu une race magnifique et résistante. Il commençait à être présenté dans les expositions félines de Boston et de New York et devenait de plus en plus populaire.

MAINE COON TABBY CLASSIQUE ARGENTÉ

Cependant, à l'arrivée du Persan plus flamboyant, à la fin du 19e siècle, le Maine
Coon perdit de sa popularité en tant que
chat de concours. Comme souricier dans
les fermes de la Nouvelle-Angleterre et
comme animal de compagnie, il fut néanmoins sans rival. Un petit groupe d'éleveurs
persista et, à la création des livres des origines dans les années 1950, le Maine
Coon recommença à attirer l'attention.

MAINE COON TABBY ÉCAILLE BRUN

MAINE COON NOIR

85

Grâce à leur robe et leur stature rus-
tiques, les Maine Coon supportent les
hivers les plus rudes et ils sont aussi l'une
des races les plus grosses : les mâles
pèsent couramment jusqu'à 7 kg, les
femelles jusqu'à 5 kg et l'on a déjà vu des
géants de 18 kg ! Même si la compagnie
des humains lui convient, le Maine Coon
est très indépendant. Il faudrait de
toute manière avoir des genoux
vraiment larges pour qu'il puisse
s'y installer !

Le Maine Coon n'a jamais
fait l'objet de restrictions, offi-
cielles ou autres, en matière de

MAINE COON ROUX ARGENTÉ ET BLANC

MAINE COON BLEU ARGENTÉ

MAINE COON TABBY ÉCAILLE ET BLANC

patron et de couleur (à l'exception du lilas, du chocolat et des patrons siamois). Cette race présente donc une gamme de couleurs diversifiée, notamment unies, bicolores, écaille, tabby écaille (torbie), ombré et bien entendu tabby, le tabby classique brun étant le plus connu.

La couleur des yeux va du vert au bleu, en passant par l'or et le cuivre; les yeux vairons sont permis chez les chats blancs. En exposition, la couleur des yeux et de la robe ainsi que leur combinaison comptent peu. Les juges regardent plutôt la tête, le corps et la qualité de la fourrure. La tête idéale est un peu plus longue que large,

MAINE COON BLANC AUX YEUX OR

MAINE COON TABBY BRUN ET BLANC

MAINE COON TABBY BLEU

avec des pommettes hautes et des grandes oreilles, larges à la base et bien velues. Le cou est mi-long tandis que le corps est long et la poitrine large. Contrairement au Persan, les pattes et la queue du Maine Coon sont longues. Malgré sa robe (imperméable) longue et épaisse, ce chat demande très peu d'entretien.

Norvégien / Skogkatt

Apparition : années 1930
Origine : Norvège
Ascendance : chats de ferme
Autres noms : Chat des Bois norvégien
Couleurs : tous patrons et couleurs admis, avec ou sans blanc, sauf chocolat, lilas et patrons siamois
Longueur de robe : mi-longue
Type de fourrure : double, sous-poil épais recouvert de poil de jarre lisse et imperméable
Poids : 3 à 9 kg

Les chats domestiques sont arrivés en Scandinavie aux environs de l'an 1000, par l'intermédiaire des Vikings. Ceux-ci s'en servaient sans doute comme bien d'échange avec les Byzantins, puisque les chats en Norvège ont des couleurs de robe, rares ailleurs en Europe, semblables à celles des chats turcs.

Le Norvégien, ou Norsk Skogkatt, est une race exclusivement scandinave, qui s'est développée dans le climat nordique froid de la Norvège. Ses origines exactes sont inconnues mais, comme le Maine Coon, il s'est adapté à un climat froid et humide en développant une fourrure double composée d'un sous-poil laineux et doux destiné à retenir la chaleur corporelle et d'un poil de jarre long, huileux et flottant, capable de repousser la neige et la pluie. Cette fourrure exige très peu d'entretien mais, comme chez toutes les races à poil long, il se produit une mue annuelle, qui ne laisse qu'une

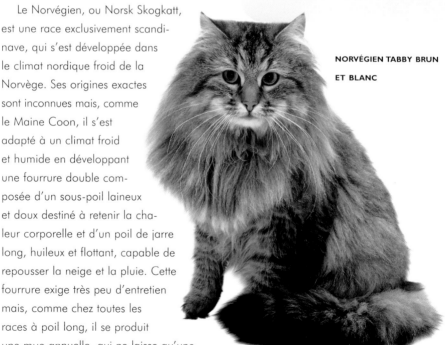

NORVÉGIEN TABBY BRUN ET BLANC

magnifique queue touffue prouvant qu'il s'agit d'un chat à poil long. La queue est longue – elle arrive aux omoplates – et portée haute.

Grâce à ses pattes grandes et puissantes – les postérieures étant plus longues que les antérieures –, des pieds grands et épais et des griffes aiguisées et puissantes, le Norvégien est un excellent grimpeur. Ce chat est peut-être le descendant des chats géants mythiques qui tiraient le char de la déesse scandinave, Freya! Les contes scandinaves compilés et écrits au 19e siècle présentaient souvent un chat doté d'une longue queue hirsute.

NORVÉGIEN BLEU ET BLANC

NORVÉGIEN ÉCAILLE DE TORTUE

NORVÉGIEN TABBY ARGENTÉ ET BLANC

NORVÉGIEN FUMÉ NOIR ET BLANC

À partir d'une race de chats d'extérieur costauds, habitués à chasser la vermine dans les fermes, un groupe d'éleveurs a commencé à développer une race à pedigree dans les années 1930. L'élevage sélectif n'a cependant commencé sérieusement que dans les années 1970. Même grand et fort, le Norvégien ne devrait jamais avoir l'air ramassé et sa face doit toujours être angulaire, ce qui lui donne un

NORVÉGIEN TABBY BRUN ET BLANC

NORVÉGIEN TABBY TIGRÉ NOIR

91

NORVÉGIEN NOIR ET BLANC

NORVÉGIEN BLANC AUX YEUX BLEUS

air alerte et intelligent, plutôt que doux. Toutes les couleurs sont permises; en exposition, aucun point n'est attribué à la couleur de la robe, car la qualité est plus importante. Chats tabby et bicolores sont prédominants dans cette race, héritage des chats de gouttière dont descend le Norvégien.

NORVÉGIEN FUMÉ CRÈME ET BLANC

Sibérien

Ce chat ressemble beaucoup au Norvégien (voir page 89) et comme lui, il possède une fourrure très épaisse et huileuse, idéale pour le froid extrême d'un climat nordique. Il est probable que cette race ait existé depuis des milliers d'années, indépendamment de l'homme. Des Sibériens étaient présents dans les premières expositions organisées par Harrison Weir – qui en possédait d'ailleurs un –, mais la race a été largement oubliée au cours du 20e siècle quand les relations entre l'Union Soviétique et le reste du monde se sont refroidies.

L'intérêt grandissant suscité récemment par cette race a mené à l'introduction de nouveaux patrons et couleurs de robe, mais certains clubs russes craignent que les chats exportés en Occident pour la reproduction ne soient pas toujours les meilleurs. En Russie, on privilégie un look de « chat sauvage », avec une face large et des yeux un peu bridés donnant au chat un air plus asiatique. À l'extérieur de la Russie, le standard de la TICA relatif à la tête est moins clairement sauvage et celle-ci doit donner une impression de rondeur, assortie d'une expression douce et d'yeux presque ronds. En outre, dans son pays d'origine, le Sibérien ne peut avoir que des couleurs à base de noir et de roux afin de préserver

Apparition : années 1980

Origine : Est de la Russie

Ascendance : chats de maison et de ferme

Autres noms : Chat des forêts sibériennes

Couleurs : En Russie, le Sibérien n'est accepté que dans les couleurs à base de noir et de roux. Ailleurs, une gamme plus étendue de couleurs est reconnue :

Unies et écaille : noir, roux, bleu, crème, écaille de tortue et écaille bleu

Fumé, ombré et tipped : comme unies et écaille

Tabby, tabby argenté (classique, tigré, tacheté) : brun, roux, bleu, crème, écaille de tortue et écaille bleu

Bicolores : toutes les couleurs unies, écaille et tabby admises, avec blanc

Longueur de robe : longue

Type de fourrure : sous-poil fourni et imperméable, poil de jarre long et dur qui repousse la pluie et la neige

Poids : 4,5 à 9 kg

son look sauvage. Il en résulte que le Sibérien est en train de développer deux apparences distinctes.

Le Sibérien est un chat fort, doté d'un
corps long, bien musclé et puissant, et de
pattes robustes se terminant par des pieds
gros, ronds, aux doigts pourvus de touffes
de poils. Chez les deux sexes, les pattes
arrière sont un peu plus longues que les

SIBÉRIEN TABBY ARGENTÉ ET BLANC

pattes avant et le corps présente une légère courbure dorsale. Une collerette accentue l'aspect ramassé. Les oreilles de taille moyenne et bien espacées ont le bout arrondi orienté vers l'extérieur, faisant que le chat a toujours l'air à l'affût. La queue est épaisse, au bout arrondi, et l'arrière-train est hirsute. Le poil de jarre est solide et légèrement huileux pour repousser la pluie et la neige. Le sous-poil dense et laineux est assez épais pour protéger du vent glacial de la Sibérie. Toutes les caractéristiques du Sibérien prouvent qu'il est conçu pour survivre dans les conditions et le climat les plus rudes de la planète.

SIBÉRIEN TABBY TIGRÉ ROUX ET BLANC

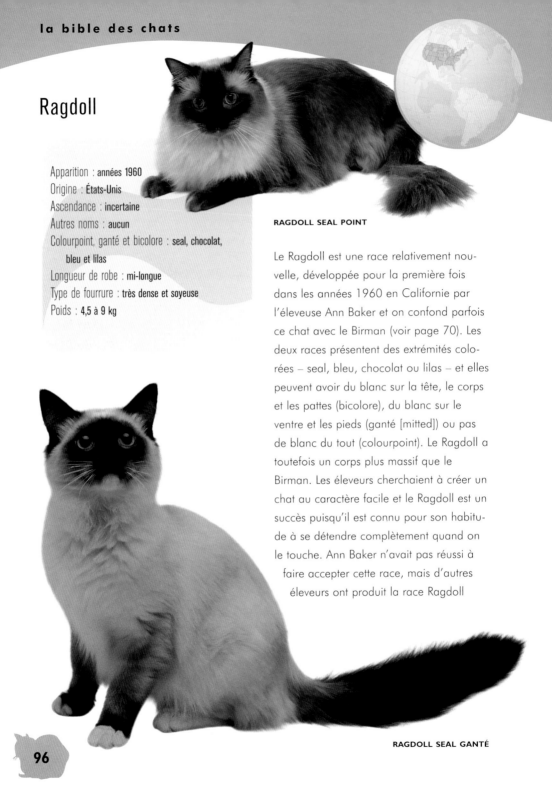

Ragdoll

Apparition : années 1960
Origine : États-Unis
Ascendance : incertaine
Autres noms : aucun
Colourpoint, ganté et bicolore : seal, chocolat,
  bleu et lilas
Longueur de robe : mi-longue
Type de fourrure : très dense et soyeuse
Poids : 4,5 à 9 kg

RAGDOLL SEAL POINT

Le Ragdoll est une race relativement nouvelle, développée pour la première fois
dans les années 1960 en Californie par
l'éleveuse Ann Baker et on confond parfois
ce chat avec le Birman (voir page 70). Les
deux races présentent des extrémités colorées – seal, bleu, chocolat ou lilas – et elles
peuvent avoir du blanc sur la tête, le corps
et les pattes (bicolore), du blanc sur le
ventre et les pieds (ganté [mitted]) ou pas
de blanc du tout (colourpoint). Le Ragdoll a
toutefois un corps plus massif que le
Birman. Les éleveurs cherchaient à créer un
chat au caractère facile et le Ragdoll est un
succès puisqu'il est connu pour son habitu-
de à se détendre complètement quand on
le touche. Ann Baker n'avait pas réussi à
faire accepter cette race, mais d'autres
éleveurs ont produit la race Ragdoll

RAGDOLL SEAL GANTÉ

RAGDOLL BLEU GANTÉ

reconnue actuellement par les principaux livres des origines. En outre, le Ragdoll est la première race de chat à avoir reçu sa marque déposée!

Les premiers Ragdoll sont probablement issus d'une femelle à poil long blanche sans pedigree, Josephine, et d'un Birman. Selon les dires d'Ann Baker, Josephine avait été grièvement blessée – heurtée par une voiture, elle avait eu le bassin fracturé – et quand l'éleveuse a pris ses chatons, ils étaient tout mous, d'où leur nom Ragdoll (poupée de chiffon). On a prétendu que ces chats ne ressentaient ni douleur ni crainte et qu'ils étaient incapables de se bagarrer avec d'autres animaux, ce qui est faux. En revanche, ils sont effectivement de nature très docile et font des animaux de compagnie parfaits et affectueux, faciles à dresser car ils adorent les gâteries. Les éleveurs font remarquer que toutes les variétés connues de Ragdoll peuvent être produites à partir d'une femelle blanche si le mâle est porteur des gènes du Siamois et du poil long, et si l'un des deux parents est aussi porteur du gène de la panachure

RAGDOLL CRÈME GANTÉ
(NOUVELLE COULEUR)

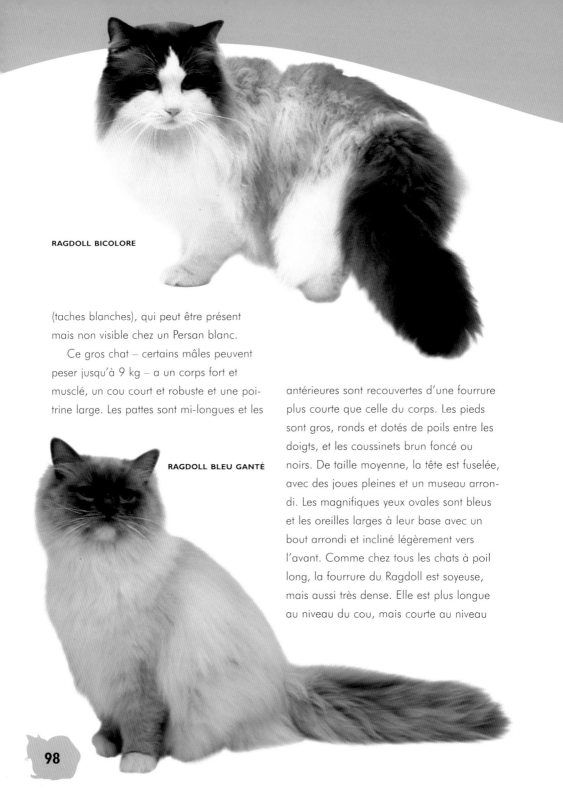

RAGDOLL BICOLORE

RAGDOLL BLEU GANTÉ

(taches blanches), qui peut être présent mais non visible chez un Persan blanc.

Ce gros chat – certains mâles peuvent peser jusqu'à 9 kg – a un corps fort et musclé, un cou court et robuste et une poitrine large. Les pattes sont mi-longues et les antérieures sont recouvertes d'une fourrure plus courte que celle du corps. Les pieds sont gros, ronds et dotés de poils entre les doigts, et les coussinets brun foncé ou noirs. De taille moyenne, la tête est fuselée, avec des joues pleines et un museau arrondi. Les magnifiques yeux ovales sont bleus et les oreilles larges à leur base avec un bout arrondi et incliné légèrement vers l'avant. Comme chez tous les chats à poil long, la fourrure du Ragdoll est soyeuse, mais aussi très dense. Elle est plus longue au niveau du cou, mais courte au niveau

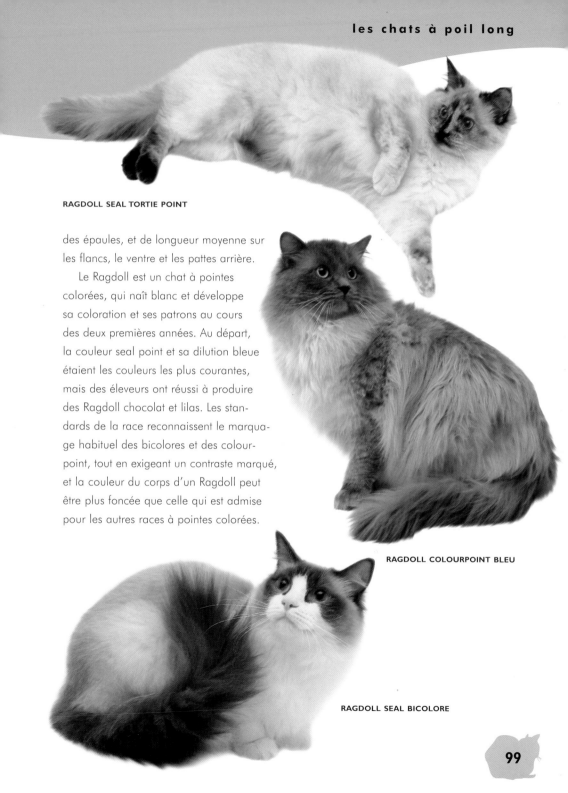

RAGDOLL SEAL TORTIE POINT

des épaules, et de longueur moyenne sur les flancs, le ventre et les pattes arrière.

Le Ragdoll est un chat à pointes colorées, qui naît blanc et développe sa coloration et ses patrons au cours des deux premières années. Au départ, la couleur seal point et sa dilution bleue étaient les couleurs les plus courantes, mais des éleveurs ont réussi à produire des Ragdoll chocolat et lilas. Les standards de la race reconnaissent le marquage habituel des bicolores et des colourpoint, tout en exigeant un contraste marqué, et la couleur du corps d'un Ragdoll peut être plus foncée que celle qui est admise pour les autres races à pointes colorées.

RAGDOLL COLOURPOINT BLEU

RAGDOLL SEAL BICOLORE

Somali

Apparition : 1963

Origine : Canada et États-Unis

Ascendance : Abyssin

Autres noms : Abyssin à poil long

Couleurs :

Tabby (tiqueté) : lièvre, chocolat, sorrel (roux), bleu, lilas, faon et crème

Écaille : Écaille de tortue, écaille (chocolat, sorrel, bleu, lilas et faon)

Tabby argenté (tiqueté) : mêmes couleurs que tabby et écaille, mais doivent avoir la poitrine et la culotte blanches

Longueur de robe : mi-longue, collerette et culotte fournie

Type de fourrure : fine et soyeuse, tiquetée (au minimum 3 et jusqu'à 12 bandes de couleurs sur chaque poil)

Poids : 3,5 à 5,5 kg

SOMALI LIÈVRE

Sa robe dense, sa culotte fournie, ses oreilles à plumets et sa queue aussi pleine que celle d'un renard donnent au Somali un look de chat sauvage, vigoureux et athlétique. Et pourtant, comme son parent l'Abyssin, le Somali est d'une nature très gentille, il a une voix douce et fait un excellent compagnon.

Cette race de chat tient son nom de la Somalie, pays proche de l'Éthiopie (autrefois appelée Abyssinie) et il veut souligner les ressemblances de cette race avec l'Abyssin. En fait, le Somali est une variété à poil long de l'Abyssin à poil court.

Au départ, le Somali n'était pas accepté par les livres des origines car on pensait qu'il s'était produit des croisements extérieurs entre des Abyssins et des races à poil long. En réalité, on sait désormais que certaines lignées d'Abyssins étaient porteuses du gène récessif du poil long *l* (voir pages 49-53) pendant de nombreuses générations. Dans les années 1960, l'éleveuse canadienne Ken McGill a produit le premier Somali officiel et à partir de cette souche, la race s'est développée aux États-Unis dans les années 1970. Elle est apparue en Europe dans les années 1980 et en 1991, elle était reconnue mondialement.

Comme ses ancêtres abyssins, le Somali a une robe tiquetée, quoique plus soyeuse, plus douce et beaucoup plus longue. Au lieu d'avoir deux ou trois bandes de tiquetage sur chaque poil, le Somali peut en avoir jusqu'à douze. La coloration, qui peut être lièvre ou sorrel (roux), est plus soutenue et plus riche. La couleur lièvre a été la première acceptée en exposition. La couleur de base est d'un abricot brun rougeâtre et le tiquetage noir. Chez tous les Somalis, le tiquetage doit être

SOMALI BLEU ARGENTÉ

beaucoup plus foncé au niveau du sous-poil et, en automne et en hiver, quand le Somali a la robe la plus fournie, le sous-poil produit un reflet superbe. La robe est fournie sans être laineuse et la collerette est typique de cette race. Robe et coloration prennent du temps à se développer complètement : les chatons naissent très foncés et une coloration bien tiquetée n'est achevée que vers 18 mois.

Minces et musclées, les pattes du Somali sont longues et dotées de pieds ovales aux doigts pourvus de touffes de poils. La tête est triangulaire sans excès et tous les Somalis ont les yeux cerclés de noir et entourés de lunettes de poil plus clair. Sur les joues et le front, on remarque des marques tabby évidentes, dont le « M ».

Sachant que le gène du poil long *l* est récessif, les Somalis sont toujours des indi-

SOMALI CHOCOLAT

SOMALI BLEU

vidus purs relativement au poil long. Croisé avec un Abyssin, toutefois, un Somali aura des chatons à poil court, porteurs du gène du poil long. Ces descendants seront dotés d'un pelage beaucoup plus somptueux que la plupart des Abyssins « normaux ». Accouplés entre eux, ils engendreront des individus à poil long et à poil court. Néanmoins, tous les « Somalis à poil court » doivent être enregistrés en Amérique du Nord comme Somalis, même s'ils sont génétiquement identiques à de nombreux Abyssins porteurs eux aussi du gène du poil long !

103

Tiffanie

Apparition : années 1980

Origine : Grande-Bretagne

Ascendance : croisements Burmese/Persan chinchilla

Autres noms : Burmese à poil long (ne pas confondre avec le Tiffany/Chantilly américain)

Couleurs :

Unies et sépia : noir, chocolat, roux, bleu, lilas, crème, caramel et abricot

Écaille : noir, chocolat, bleu, lilas et caramel

Ombré : comme unies et sépia

Tabby (unies, sépia, tous les patrons) : brun, chocolat, roux, bleu, lilas, crème, caramel, abricot, écaille (noir, chocolat, bleu, lilas et caramel)

Longueur de robe : longue avec collerette

Type de fourrure : très fine

Poids : 3,5 à 6,5 kg

On a trouvé le nom original de Tiffanie pour désigner la combinaison d'un poil long et soyeux et les nuances ombrées des couleurs du Burmese (voir page 170). Le Tiffanie n'est autre qu'un Burmese à poil long et il est le seul chat à poil long du Groupe Asian. À la naissance, il est d'un café au lait pâle et sa coloration sable subtile et sa longue robe se développent progressivement. Sa couleur demeure en général plus claire que celle d'un Burmese du même âge. Comme tous les chatons, le Tiffanie naît avec les yeux bleus, qui deviennent gris puis or une fois adulte.

TIFFANIE BLEU ARGENTÉ OMBRÉ

Les origines du Tiffanie remontent à un accouplement accidentel, à Londres, Angleterre, entre un Persan chinchilla et un Burmese lilas. La première génération était des Burmilla ombrés à poil court (voir page 179); les générations suivantes ont exprimé le gène récessif du poil long et celui du patron coloré sépia. Bien que la race ait été développée avec l'apport des éleveurs de Burmese, il s'agit de deux races distinctes.

Malgré sa fourrure mi-longue, très fine et soyeuse – comme on peut s'y attendre d'un descendant de Persan –, le Tiffanie conserve la morphologie du Burmese :

corps musclé, de taille moyenne avec une poitrine ronde et un dos droit. La tête forme un triangle court avec une cassure typique au niveau du nez et des oreilles moyennes en prolongement des contours de la tête. Les yeux, légèrement en oblique, ne sont ni ronds ni en amande. Les pattes sont de longueur moyenne, les pieds arrondis et la queue longue et en panache. Le Tiffanie a réussi à associer les caractéristiques de ses deux races d'origine : il est plus actif que le Persan et pourtant moins turbulent que la moyenne des Burmese. Le standard de race du Tiffanie insiste justement sur un bon caractère. Cet atout, associé à un poil long nécessitant peu d'entretien, permettra au charmant et séduisant Tiffanie de devenir une race encore plus populaire dans le monde.

TIFFANIE FUMÉ CHOCOLAT

Persan

En plus de jouer un rôle important dans l'univers des chats de race – par leur présence dans les expositions depuis plus de cent ans – les Persans sont aussi des chats de compagnie appréciés dans le monde entier. La robe longue est due au gène récessif du poil long *l* (voir pages 49-53) et leur lieu d'origine semble être l'Asie Mineure où, selon la légende, le Persan aurait été créé par un magicien à partir de

Apparition : années 1800
Origine : Grande-Bretagne
Ascendance : Persans du Moyen-Orient
Autres noms : Longhair
Couleurs : voir texte principal
Longueur de robe : jusqu'à 10 cm de long
Type de fourrure : douce et épaisse, mais pas laineuse
Poids : 3,5 à 7 kg

PERSAN ROUX

PERSAN BLEU CRÈME

PERSAN CRÈME

la lueur d'un feu, l'étincelle de deux étoiles et une volute de fumée grise.

En 1876, les chats à poil long portaient le nom de « chats asiatiques », même si on en avait déjà vu en Europe 300 ans auparavant.

PERSAN NOIR

PERSAN CRÈME POINT

PERSAN TABBY ÉCAILLE BRUN

Dans les expositions, les couleurs de Persans sont classées en cinq divisions : uni, ombré, fumé/tabby, particolore et colourpoint. Les caractéristiques demeurent presque les mêmes : corps gros et trapu, pattes courtes, tête ronde et ample, joues pleines, gros yeux ronds, petites oreilles arrondies et bien entendu robe longue, soyeuse et bien fournie. Les premiers Persans avaient une face courte et compacte, mais pas la face aplatie qu'on leur

PERSAN FUMÉ NOIR

109

PERSAN BLANC

connaît aujourd'hui. Les éleveurs européens privilégient un nez modéré tandis que les éleveurs américains et la plupart des juges recherchent une face extrême. Cette tendance a atteint son maximum avec le Persan à face de pékinois qui souffre, pour une question de look, d'avoir les fosses nasales étroites et les canaux lacrymaux resserrés. Actuellement, nombre d'éleveurs ne souhaitent plus créer cette apparence.

Lorsque Harrison Weir a défini les standards de race à la fin du 19e siècle, les couleurs qu'il a décrites pour le Persan étaient blanc, noir, bleu, gris, roux et toute

PERSAN ÉCAILLE DE TORTUE

PERSAN CHINCHILLA

autre couleur unie, ainsi que brun, bleu, argenté, gris clair et blanc pour les tabby. En 1901, les couleurs reconnues pour le Persan étaient noir, blanc, bleu, orange, crème, sable, fumé, tabby, tacheté, chinchilla, écaille de tortue, bicolore et tricolore. Les Persans orange étaient les ancêtres de la couleur roux uni et des tabby roux, et les tricolores étaient sans doute des écaille et blanc.

De nos jours, la division des couleurs unies inclut blanc, noir, bleu, chocolat, lilas, roux et crème. Le noir est la variété la plus ancienne et les blancs unis étaient parmi les tout premiers chats à poil long apparus en Europe, connus comme aujourd'hui pour

PERSAN TABBY BRUN

PERSAN COLOURPOINT SEAL TORTIE

est quasiment impossible à produire à cause de l'action du gène orange O.

Les passionnés de chats ont toujours produit des tabby et, en 1871, on les a introduits dans la classification lors de la première exposition féline de Weir à Londres.

Actuellement, chez le Persan, les patrons tabby tigré et classique sont reconnus en Amérique du Nord tandis qu'au Royaume-Uni, seul le tabby classique peut concourir. Ces tabby ont continué à être reproduits dans les couleurs de base, à savoir brun (génétique-

leurs yeux bleus, mais aussi pour leur surdité associée au gène dominant W (voir pages 49-53). On essaie à présent d'éviter la surdité en ayant recours à des croisements extérieurs avec des Persans de couleur et en stérilisant les chatons sourds.

Le bleu a toujours été l'une des variétés les plus populaires et les Persans bleus ont même des expositions qui leur sont réservées.

Le Persan uni le plus rare est le roux, appelé à l'origine orange. Ces chats sont difficiles à produire à la perfection car les standards exigent une absence totale de marques tabby et un Persan roux sans marquage

PERSAN COLOURPOINT TABBY

PERSAN TABBY BLEU

ment noir) – qui est à la fois la couleur originale et fondamentalement le tabby naturel –, argenté et roux. Plus récemment, de nouveaux patrons et couleurs ont été ajoutés, tels que caméo ombré dans le roux, crème, chinchilla crème, bleu crème et écaille de tortue.

Le poil long et flottant de la race permet une coloration écaille de tortue. Les premiers écaille admis étaient des noirs et roux standard, mais on n'a pas tardé à accoupler des Persans roux avec des bleus et des bleu crème, et des écaille bleu sont apparus. Aux États-Unis, les Persans écaille et blanc se nomment calico. Chez le Persan bicolore, le patron hollandais – déjà présent chez des souris ou des lapins – est

l'idéal, les plages de blanc se limitant aux parties inférieures. Chez les Persans bicolores, ce marquage parfait est très difficile à obtenir et par conséquent, une certaine flexibilité est permise. Un autre patron bicolore reconnu est le patron van dans lequel le corps et les pattes sont blancs, la queue colorée et les marques sur la face ne devant pas s'étendre sous les yeux ou au-delà de la base des oreilles.

Les variétés de Persans ombré et tipped se sont développées à partir des premiers tabby argenté et le membre le plus connu de ce groupe est sans contredit le chinchilla argenté, appelé simplement chinchilla. L'un des premiers chinchillas aurait donné naissance à des chatons argentés et dorés. Les

éleveurs visaient la variété argenté et la variété doré a pendant longtemps été ignorée car certains éleveurs prétendaient que les chats dorés étaient le fruit d'accouplements accidentels ou « illégaux » entre des Persans unis et des Persans chinchillas.

Les argenté ombré (appelés pewter (étain) au Royaume-Uni) et les doré ombré ressemblent aux chinchillas, sauf que le tipping étant plus important, les couleurs apparaissent plus foncées. L'argenté ombré est reconnu aux États-Unis en tant que chat tipped noir aux yeux verts ou bleu-vert et dans des versions roux et écaille de tortue (appelées caméo ombré et écaille ombré)

PERSAN COLOURPOINT ROUX

PERSAN CALICO DILUÉ

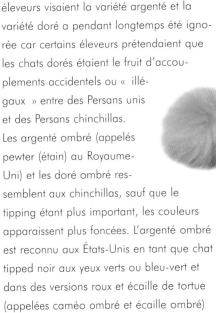

114

alors qu'en Grande-Bretagne, seules les
versions noires (pewter) sont reconnues
avec des yeux orange ou cuivre. Le Persan
doré, qui présente un tipping profond sur
une base abricot, semble être une version
dorée de l'argenté ombré et constitue l'une
des variétés de Persan les plus récentes et
séduisantes, même si la génétique de cette
couleur ne fait pas l'unanimité.

PERSAN TABBY ROUX

PERSAN BLEU CRÈME

PERSAN COLOURPOINT BLEU

Quels que soient sa couleur ou son patron, le Persan est réputé pour sa robe longue et soyeuse qui nécessite absolument un entretien quotidien. En plus de plaire au chat, ce toilettage permet de renforcer le lien qui unit l'animal à son maître ou sa maîtresse, lien apparemment très fort et reconnu chez cette race. Cet entretien permet aussi au chat d'avaler moins de poils et d'éviter les bézoards qui risquent d'obstruer ses intestins. Étant l'une des races les plus tranquilles et les moins actives, le Persan est en général considéré comme un chat d'intérieur. Cela ne l'empêche toutefois pas d'aimer aller dehors où il met en pratique les mêmes caractéristiques félines que n'importe quelle autre race, à savoir protéger son territoire et chasser.

PERSAN ÉCAILLE DE TORTUE ET BLANC

Scottish Fold

Apparition : 1961

Origine : Écosse

Ascendance : chats de ferme, British et American Shorthair

Autres noms : Highland Fold (poil long)

Couleurs : tous les patrons et couleurs, y compris patrons colourpoint, sépia et vison

Longueur de robe : longue ou courte

Type de fourrure : douce et dense, éloignée du corps dans la variété à poil long

Poids : 2,5 à 6 kg

SCOTTISH FOLD ARGENTÉ OMBRÉ

Alors que les oreilles pliées sont fréquentes chez les races de chien, elles sont rares chez les chats. Tous les Scottish Fold sont des descendants de Susie, une chatte de ferme blanche née à Tayside, Écosse. Deux ans plus tard, Susie a donné naissance à deux autres chatons aux oreilles pliées, dont une femelle blanche nommée Snooks, qui a été donnée à un berger local William Ross et à son épouse Mary. On a tout de suite remarqué le caractère unique de cette anomalie et un programme d'élevage a été mis sur pied avec l'aide de deux généticiens. On a découvert que Susie était porteuse du gène du poil long *l* dominant (voir pages 49-53) qui pouvait aussi être

SCOTTISH FOLD CALICO

présent chez la progéniture à poil court et s'exprimer chez les générations futures. Les Scottish Fold à poil long sont encore toutefois rares.

La variété à poil court descend de Snooks qui, accouplée à un British Shorthair (voir page 130), a donné un mâle blanc, Snowball. En 1971, Mary Ross a envoyé certains de ses Fold à un généticien du Massachusetts, où la reproduction s'est poursuivie au moyen de British et d'American Shorthair (voir page 138). L'élevage se fait encore principalement aux États-Unis.

Les Scottish Fold doivent être mariés à des chats aux oreilles normales, sinon la progéniture homozygote (accouplement entre deux Fold) risque de souffrir de difformités des articulations et du cartilage, visibles quand le chaton a entre quatre et six mois. La cause de ces difformités reste un mystère puisqu'elles ne touchent qu'une partie des chats, y compris les Fold hétérozygotes (accouplement entre Fold et autre race). Surtout chez les Fold à poil long, on risque de ne pas remarquer les difformités sous la fourrure; il faut donc absolument vérifier la queue des chatons à poil long, à la recherche d'un épaississement des articulations.

Les oreilles pliées sont le résultat d'un gène dominant *Fd*, responsable de divers degrés de pliure. La pliure est présente à la naissance, mais son niveau ne devient visible que lorsque le chaton grandit. Susie, le premier Scottish Fold, avait un pli simple dans lequel les oreilles sont repliées vers l'avant. De nos jours, les chats d'exposition possèdent des plis triples dans lesquels les oreilles sont posées à plat contre la tête, en forme de casquette destinée à mettre en valeur le crâne arrondi. La tête est effectivement arrondie et sa forme est encore accentuée par les joues et patons proéminents et les grands yeux ronds.

Le Scottish Fold est un chat robuste, fort et apparemment insensible au froid. Il a également une grande résistance aux maladies félines courantes. Bien qu'il soit placide et peut-être même réservé ou peu démonstratif, il est facile à vivre. On se trompe souvent sur son air « triste » qui n'a rien à voir avec ses sentiments.

Apparition : années 1960

Origine : Écosse

Ascendance : Scottish Fold (variété à poil court), chats domestiques et de ferme

Autres noms : Scottish Fold Long-hair (CFA), Highland Fold (ACFA)

Couleurs : tous les patrons et couleurs, y compris patrons colourpoint, sépia et vison

Longueur de robe : mi-longue

Type de fourrure : douce et dense, éloignée du corps

Poids : 2,5 à 6 kg

Coupari est le nom attribué au Scottish Fold (voir page 117) à poil long. Ce nom vient du lieu d'origine de la chatte fondatrice, soit Coupar Angus, Écosse. Aux États-Unis, la CFA désigne la race sous le nom de Scottish Fold Long-hair tandis que l'ACFA la nomme Highland Fold, même si Coupar Angus n'est pas situé dans les Highlands écossais.

Les variétés à poil long et à poil court se distinguent par leurs oreilles pliées – celles-ci n'étant toutefois pas visibles avant trois semaines –, mais il naît aussi des chatons à

COUPARI SEAL TABBY POINT

oreilles droites car l'oreille pliée est le produit d'un gène incomplet et le résultat d'une mutation spontanée. Par conséquent, tant les Scottish Fold – la variété à poil court – que les Coupari – la variété à poil long – sont encore très rares. On a vu des chats aux oreilles « pliées » depuis des siècles, mais tous les Coupari et les Scottish Fold descendent de Susie, une chatte blanche née dans une ferme à Coupar Angus, Écosse. Susie a été découverte par William et Mary Ross qui ont demandé aux propriétaires de la chatte s'ils pouvaient avoir un de ses chatons afin de développer la race.

Des études génétiques entreprises par Pat Turner et Peter Dyte dans les années 1960 ont permis de découvrir que Susie était en outre porteuse du gène du poil long, qui pouvait être présent chez la progéniture et s'exprimer chez les générations futures. Alors que le Scottish Fold à poil court bénéficiait de croisements extérieurs avec des British et des American Shorthair (voir pages 130-142), les croisements extérieurs pour les chats à poil long manquaient jusqu'à ce que l'on découvre que le Scottish Vannant à oreilles droites possède les mêmes gènes liés à cette espèce, à l'exception des oreilles pliées. Le mariage avec un Scottish Vannant convient donc aussi bien pour le Scottish Fold que pour le Coupari, afin de produire des chats à oreilles pliées à poil court ou à poil long. Cela permet d'éviter le danger représenté par un croisement entre Fold risquant de produire des portées souffrant d'ostéodystrophie héritée. Malgré tout, le Coupari et son cousin à poil court restent encore assez rares.

En 1983, lors de la création de la *Cat Association of Britain*, l'une des premières nouvelles races à obtenir le droit de concourir en championnat a été le Scottish Fold et, l'année suivante, le Coupari était accepté à son tour pour la compétition. Bien qu'il ne soit pas encore admissible aux championnats, le Scottish Vannant peut être présenté dans la catégorie des nouvelles races.

American Curl

Apparition : 1981

Origine : États-Unis

Ascendance : chats de maison américains

Autres noms : aucun

Couleurs : toutes les couleurs unies et écaille, tous les patrons fumé, ombré et tipped, tabby et tabby argenté

    Bicolores : classique et van

    Colourpoint, tabby (lynx) point et tortie point

Longueur de robe : mi-longue à longue

Type de fourrure : soyeuse avec sous-poil minimal, couchée sur le corps chez les deux variétés, à poil long et à poil court

Poids : 3 à 5 kg

La race American Curl comprend des chats à robe courte et d'autres à robe longue. L'American Curl à poil court a pris un peu plus de temps à se développer car les Curl d'origine avaient tous le poil long et beaucoup de Curl à poil court sont porteurs du gène du poil long caché et engendrent des chatons à poil long. Plus que pour son pelage, l'American Curl est surtout connu pour la mutation qui fait que ses oreilles sont enroulées vers l'arrière, ce qui lui donne une allure tout à fait unique.

AMERICAN CURL TABBY BRUN ET BLANC

L'enroulement des oreilles du Curl présente trois degrés : les chats dont les oreilles sont juste retournées vers l'arrière se nomment American Curl Straight Ears et ils servent d'animaux de compagnie; ceux dont les oreilles ont un enroulement de 50 % sont destinés à la reproduction et ceux dont les oreilles forment un croissant de lune participent aux concours. Les chatons naissent avec des oreilles normales et, en général, la moitié de la portée développera un enroulement à environ une semaine, qui continuera à évoluer sur plusieurs mois. Le chat peut quand même bouger ses oreilles – même celles qui sont complètement enroulées – comme le ferait un chat aux oreilles normales.

L'ascendance de la race est inconnue, même si en 1981, une jeune chatte errante noire à poil long aux oreilles enroulées s'est fait adopter chez Grace et Joe Ruga à Lakeland, Californie. Ses nouveaux propriétaires l'ont appelée Shulamith et tous les Curl, qu'ils soient à poil long ou court, descendent de cette chatte.

En décembre 1981, Shulamith a eu une portée de quatre chatons, dont deux avaient les mêmes oreilles enroulées. Les Ruga ont compris qu'il était possible de créer une

AMERICAN CURL BRUN CLASSIQUE

nouvelle race puisque le caractère était dominant. Les chats ont été présentés pour la première fois en 1983 en Californie et ils ont été rapidement reconnus officiellement aux États-Unis.

L'American Curl est vite devenu populaire, non seulement à cause de sa face « de lutin », rehaussée d'yeux en forme de noix et légèrement inclinés, mais aussi pour sa nature active, affectueuse et indépendante. De type médioligne, moyennement musclé, le Curl a des pattes solides, un peu arquées en avant et plus longues en arrière. Le Curl à poil long présente une superbe queue en panache. Chez le Curl à poil court, la queue mesure la même longueur que le corps, tout en étant large à la base puis effilée. Les standards d'exposition pour l'American Curl à poil court ne diffèrent de ceux de son cousin à poil long qu'en ce qui concerne la longueur de la robe.

AMERICAN CURL BRUN CLASSIQUE

Les races à poil court

LE BURMESE EST UNE RACE À POIL COURT CLASSIQUE.

Quand, il y a des milliers d'années, les chats domestiques venus d'Égypte se sont répandus dans le monde entier, de nouvelles variétés se sont développées pour s'adapter au climat et au relief locaux. Dans les climats nordiques, les chats ont développé un corps bréviligne, massif, et une robe plus épaisse tandis que ceux qui se sont répandus vers l'est dans toute l'Asie ont développé une robe plus fine et un corps plus svelte afin de perdre leur chaleur corporelle dans des climats chauds. Dans la nature, le poil court est la norme chez les chats. Ce n'est que dans les régions extrêmement froides comme la Sibérie, habitat du tigre du même nom, que l'on trouve des félins sauvages à poil long. Un pelage court est beaucoup plus facile à entretenir; il n'abrite pas les parasites, ne s'emmêle pas et est en outre génétique-

125

LES LIGNES SVELTES DE L'ORIENTAL À POIL
COURT EN FONT UNE RACE TRÈS POPULAIRE.

L'AMERICAN SHORTHAIR EST
UNE RACE TRÈS POPULAIRE.

ment dominant. Chez les chats, il existe différents types de poil court, allant de la fourrure fine et soyeuse du Rex à la robe dense du Manx.

On dénombre trois catégories principales de chats à poil court : les British (et les Européens), les American et les Orientaux (ou Foreign). Le British Shorthair, un chat bréviligne, présente des pattes courtes et fortes, une robe courte et dense, une tête ronde, des yeux ronds et une coloration

L'AMERICAN SHORTHAIR EST EN GÉNÉRAL
PLUS GROS QUE SES HOMOLOGUES
BRITISH/EUROPÉENS ET ORIENTAUX.

magnifique. Malgré leurs différences minimes, depuis 1982, les British et les Européens à poil court sont reconnus comme des races distinctes, même s'ils partagent la même personnalité calme et affectueuse.

L'ORIENTAL À POIL COURT POSSÈDE UNE TÊTE ET DES YEUX DE FORME TYPIQUE.

ATHLÉTIQUES, LES AMERICAN SHORTHAIR ONT DES PATTES PLUS LONGUES QUE LES AUTRES RACES.

127

LE SIAMOIS EST L'UNE DES RACES LES PLUS RECONNUES ET LES PLUS ESTIMÉES.

Les Romains sont supposés avoir introduit les chats domestiques en Europe du Nord il y a 2000 ans. Il n'est donc pas surprenant qu'à l'apparition de l'élevage sélectif et des expositions félines au 19e siècle, les éleveurs de chats British et Européens aient concentré leur attention sur leurs chats indigènes.

L'American Shorthair de race pure est un chat plus gros et plus athlétique, aux pattes plus longues et à la tête plus allongée.

L'Oriental à poil court revêt une apparence totalement différente de ses cousins occidentaux. Ces chats au corps plus svelte ont des pattes longues et fines, une tête triangulaire caractéristique, des longues oreilles pointues et des yeux bridés typiques.

Aux premières expositions félines organisées au 19e siècle, les races à poil court avaient la place d'honneur car on venait d'importer quelques Siamois. À la fin du siècle, cependant, la situation avait nettement changé car les Persans, devenus très populaires, ont commencé à être quatre fois plus nombreux que les chats à poil court dans les concours. Depuis lors, un de ces superbes chatons à poil long a toujours valu plus cher que n'importe quel autre chat.

Il n'en demeure pas moins que les chats à poil court d'origine britannique, européenne ou américaine présentent d'immenses avantages comme animal de compagnie. Ils possèdent une robustesse et une endurance acquises par le biais d'innombrables générations habituées à vivre dans tous les climats. En outre, ils ont un tempérament qui convient à une vie de famille car ils sont moins nerveux et exigent moins d'entretien.

LE BRITISH SHORTHAIR (ILLUSTRÉ) ET L'EUROPÉEN À POIL COURT SONT DES RACES ROBUSTES.

L'EXOTIC SHORTHAIR EST UNE RACE RELATIVEMENT RÉCENTE QUI PARTAGE LES CARACTÉRISTIQUES DES RACES À POIL LONG ET À POIL COURT.

British Shorthair

Apparition : années 1880

Origine : Grande-Bretagne

Ascendance : chats de maison, de ferme et
errants

Autres noms : les couleurs tipped ont déjà porté
le nom de Chinchilla Shorthair

Couleurs :

Unies : blanc, crème, bleu, bleu crème, noir,
chocolat, lilas et roux

Tabby, (classique, tigré et moucheté) : argenté,
brun, roux, crème et bleu

Tacheté : roux, brun, argenté ou toute autre
couleur tabby

Écaille de tortue : écaille de tortue, écaille
bleu, écaille chocolat et écaille lilas

Tacheté : roux, brun, argenté ou toute autre
couleur tabby

Bicolores : toutes les couleurs unies et écaille
avec blanc

Fumé et tipped : comme unies et écaille

Colourpoint : les couleurs unies, écaille et tabby

Longueur de robe : courte

Type de fourrure : dense et élastique, se sépare
aux articulations

Poids : 4 à 8 kg

BRITISH SHORTHAIR ÉCAILLE LILAS

Toutes les races de chats européens ont
souffert durant la Seconde Guerre mondiale, mais certains affirment que le British
Shorthair est celui qui a le plus souffert.
Dans les années qui ont suivi la guerre, il
n'existait que très peu d'étalons à pedigree
et, par conséquent, certains éleveurs ont
accouplé leurs chats avec des chats à poil
court de type longiligne, ce qui a presque
entraîné la disparition du type bréviligne.
Dans les années 1950, les éleveurs ont
renversé la tendance en accouplant leurs
chats avec des Persans bleus bien trapus.
Tout en permettant de restaurer les qualités
de la race, ce croisement a aussi produit
certains chatons au pelage plus long, plus
doux et à la tête d'une forme plus « persa-

ne ». Les standards d'exposition fixés pour les British Shorthair et les Européens à poil court exigent un nez droit, un exploit difficile à réaliser quand on a une ascendance persane, même si les Persans élevés en Europe n'ont pas le nez aussi aplati que les Persans américains. Un trait génétique rare différencie la race des British Shorthair de la plupart des chats à poil court : environ la moitié de tous les British Shorthair ont un sang du groupe B.

Dans les premiers temps, les British Shorthair de couleur unie étaient les plus populaires, sans doute parce que chez les chats de gouttière, il était plus rare de trouver des animaux au pelage unicolore, sans marquage. Parmi les couleurs unies, le bleu – plutôt un gris bleuté – était le plus apprécié

BRITISHSHORTHAIR ÉCAILLE DE TORTUE FUMÉ

et il est resté depuis le plus populaire. Le British Shorthair bleu est parfois considéré comme une race à part entière et il est vu comme la quintessence de la race. L'idéal pour le British Shorthair consiste en une jolie face ronde aux joues pleines, un corps bréviligne aux épaules larges et puissantes, une poitrine bombée et des pattes courtes et fortes. Les oreilles sont petites, bien espacées, au bout arrondi. Le nez est court et droit et les patons sont en rapport avec la couleur de la robe. Chez les British Shorthair unicolores, les yeux bien ronds sont cuivre, orange

**BRITISH SHORTHAIR
BLEU TACHETÉ**

131

BRITISH SHORTHAIR CANNELLE

BRITISH SHORTHAIR ÉCAILLE LILAS

BRITISH SHORTHAIR BLEU

soutenu ou or soutenu, sauf chez le blanc aux yeux bleus ou vairons. Le blanc aux yeux orange, qui souffre rarement de surdité comme le font les blancs aux yeux bleus ou vairons, a été développé à partir du blanc aux yeux bleus, apparu à la fin du 19e siècle, quoiqu'une robe parfaitement blanche, sans teinte jaunâtre, soit très rare.

Le British Shorthair crème, reconnu depuis les années 1920, est l'un des plus difficiles à reproduire dans la couleur de robe idéale, soit une teinte crème pâle sans aucune marque tabby. La coloration est souvent trop chaude (trop rousse) et il subsiste des barres de type tabby sur la queue et des marques sur la face.

Les écaille de tortue ne sont pas rares, mais ils sont eux aussi très difficiles à reproduire selon le standard de la race qui exige un mélange de couleurs sans plages évidentes, ni poils de la mauvaise couleur (brindling), ni marques tabby. Chez les chats écaille, le cuir du nez et les coussinets plantaires doivent être en lien avec les cou-

BRITISH SHORTHAIR BLEU ARGENTÉ

leurs de la robe. Même dans les circonstances les plus favorables, une portée ne contiendra qu'un seul chat écaille. En outre, la couleur et le sexe des chats étant génétiquement liés, les chats écaille sont presque toujours des femelles, les rares mâles écaille étant stériles. Les chats écaille et blanc (appelés calico aux États-Unis) présentent des plages distinctes de roux et de noir car, pour une raison encore incon-nue, le gène bicolore influence le gène roux lié au sexe, rendant impossible chez les écaille et blanc le mélange des couleurs typique d'un écaille de tortue « pur ». Le standard de race exige des écaille et blanc que leur robe ait une proportion de un tiers à une moitié de blanc, comme chez les autres chats bicolores.

Le British Shorthair tabby, qu'il soit clas-sique, tigré ou moucheté, présente des

BRITISH SHORTHAIR BICOLORE

BRITISH SHORTHAIR BLANC

133

BRITISH SHORTHAIR NOIR

anneaux complets sur la queue et des
rayures sur les pattes. À l'origine, le tabby
était brun, mais il est désormais moins courant. Les roux ont ensuite fait leur apparition. Les chats de gouttière roux sont fré-
quents, mais un siècle de reproduction
sélective a permis de produire un tabby
roux de race dont la couleur est beaucoup

BRITISH SHORTHAIR ÉCAILLE

134

BRITISH SHORTHAIR FAON

plus riche que celle du matou commun. Les tabby doivent aussi présenter un « M » sur le front. À l'instar des British Shorthair unis, les tabby ont les yeux cuivre, sauf le tabby argenté qui a les yeux verts ou noisette.

Le British Shorthair tacheté a une robe qui ressemble beaucoup à celle du tabby tigré, mais les rayures sont interrompues et forment des taches. Ce patron très beau était l'un des premiers à être apparus dans les années 1880. Même si le noir demeure la couleur la plus populaire, il existe des versions argenté qui, comme les autres races, ont les yeux noisette ou verts, plutôt que cuivre ou orange soutenu. Le fumé, dont le poil de jarre ne peut être que noir ou bleu sur un sous-poil blanc, a été développé à la fin du 19e siècle en croisant un tabby argenté et des British Shorthair unis. Deux gènes distincts sont responsables du pelage fumé : une inhibition de la couleur du sous-poil et une accentuation de la couleur du poil de jarre.

L'effet est superbe : quand le chat bouge, le sous-poil blanc brille à

BRITISH SHORTHAIR BLEU CRÈME

135

**BRITISH SHORTHAIR
COLOURPOINT CRÈME**

**BRITISH SHORTHAIR ÉCAILLE NOIR /
CHOCOLAT / LILAS**

travers le poil de surface en créant un effet
« fumé », argenté.

Le British Shorthair colourpoint est le
résultat de croisements extérieurs avec
des races orientales. Bien qu'ils présentent les mêmes caractéristiques
physiques que les autres chats de
cette race, les British Shorthair
colourpoint seal ont la même
robe exotique que les Siamois.
Quant à la couleur chocolat
venue à l'origine des races
orientales, elle a été d'abord
transmise au Persan puis au
British Shorthair. Le British
Shorthair tipped, aussi connu
sous le nom de Chinchilla Shorthair,
a été produit par des mariages avec des
Persans chinchilla. Chez certains chatons,
on peut remarquer cette ascendance à poil
long car leur robe d'adulte prend plusieurs
mois à se développer. Certaines de ces

BRITISH SHORTHAIR ROUX ARGENTÉ TACHETÉ

BRITISH SHORTHAIR BRUN TACHETÉ

nouvelles couleurs de robe ne sont pas acceptées à l'extérieur du Royaume-Uni.

Quels que soient leur couleur ou leur marquage, tous les British Shorthair sont des chats adorables, intelligents, affectueux, ressemblant même à des peluches qu'on a envie de câliner!

BRITISH SHORTHAIR TABBY ARGENTÉ

BRITISH SHORTHAIR TIPPED NOIR

137

American Shorthair

Apparition : années 1900

Origine : États-Unis

Ascendance : chats domestiques

Autres noms : Américain à poil court

Couleurs :

Unies et écaille : noir, roux, bleu, crème, blanc, écaille de tortue et bleu crème

Fumé : noir, caméo, bleu, écaille de tortue et bleu crème

Ombré et tipped : mêmes couleurs qu'unies et écaille, sauf blanc

Tabby (classique et tigré) : brun, roux, bleu, crème, écaille brun, écaille bleu

Tabby bicolore : toutes les couleurs tabby avec blanc

Tabby ombré : couleurs et patrons comme pour les tabby standard

Bicolores (standard et van) : comme les couleurs unies et écaille, sauf blanc

Bicolore fumé, ombré et tipped : fumé noir, fumé caméo, fumé bleu, fumé écaille de tortue, caméo ombré, chinchilla caméo, avec blanc

Tabby argenté bicolore : tabby argenté, tabby caméo, tabby écaille argenté, avec blanc

Longueur de robe : courte

Type de fourrure : épaisse, assez dure

Poids : 3,5 à 8 kg

AMERICAN SHORTHAIR

TABBY CLASSIQUE BRUN

Il se pourrait que les premiers chats domestiques soient parvenus en Amérique du Nord avec les Pères pèlerins à bord du *Mayflower*. Les chats de gouttière américains, comme leurs cousins européens, ont bien rempli leur rôle de souriciers pendant plus de deux siècles avant qu'un élevage sélectif et des expositions félines ne soient mis sur pied.

Dans les premières expositions félines organisées au 19e siècle dans les États du nord-est américain, les doux géants du monde félin, les Maine Coon à poil long, dominaient la scène. Toutefois, les conditions de vie dures d'un grand nombre de chats américains à poil court ont rendu ces derniers – comme les gens eux-mêmes – robustes, résistants et pleins de ressources. Même si au début, on a renforcé les lignées par des unions avec des British Shorthair à pedigree, de nos jours, l'American Shorthair est une race à part entière de chats forts et résistants. Ayant un plus grand nombre de prédateurs naturels aux États-Unis qu'en Europe, les American Shorthair ont évolué en chats plus gros que leurs cousins du vieux continent.

L'histoire de l'American Shorthair remonterait aux environs de 1900 alors qu'on a envoyé un mâle tabby roux à pedigree, appelé bizarrement Belle, d'Angleterre en Amérique et qu'il a été le premier chat à poil court à être enregistré comme animal de race par la CFA. Le premier American Shorthair était donc en fait un British Shorthair émigré! D'autres ont suivi Belle et ont traversé l'Atlantique vers le nouveau monde, dont un mâle tabby argenté. Les éleveurs américains ont commencé à enregistrer eux aussi leurs chats et le premier American Shorthair de production locale était un mâle fumé noir qui serait né le 15 janvier 1904.

Au départ, la race s'appelait simplement
« Shorthair », puis elle a pris le nom de
Domestic Shorthair avant celui d'American
Shorthair. Cette race est reproduite dans
une vaste gamme de superbes couleurs et
marques. Bien que ce ne soit plus permis,
pendant un temps, il était possible d'enregistrer un chat sans pedigree qui répondait
au standard, afin d'élargir le pool génétique
de la race. En 1971, un chat de ce type a
même été déclaré American Shorthair de
l'année par la CFA. Le standard de race de
la CFA précise que l'American Shorthair ne
doit avoir aucune partie de son anatomie
accentuée au point de favoriser une faibles-
se et que l'allure générale doit être celle
d'un athlète entraîné.

Le corps est solide, puissant, musclé et
moins carré que celui du British Shorthair.
Les pattes sont de longueur moyenne (un
peu plus longues que le British Shorthair),
capables de faire de grands bonds et bien
musclées pour s'adapter à tous les reliefs.
La tête est grande, légèrement plus longue
que large, avec des joues pleines et
grandes, des yeux ronds très légèrement
bridés. La queue est de taille moyenne,
épaisse à la base, et la robe est courte et
épaisse, d'une texture plutôt dure – dans
les concours, les juges pénalisent une robe
douce et duveteuse.

Les American Shorthair les plus connus
sont sans aucun doute les tabby argenté
qui présentent des marques noires denses
sur un fond argenté. En 1965, après qu'un
tabby argenté a été élu le chat de l'année
aux États-Unis, le nom de race Domestic
Shorthair a rapidement été changé en celui
d'American Shorthair.

Alors que la CFA n'accepte que les patrons tabby classique et tigré, soit les marquages dominants chez les ancêtres émigrants de la race, la TICA accepte aussi les patrons tacheté et tiqueté.

AMERICAN SHORTHAIR TABBY ARGENTÉ

En dehors de leur robustesse, les American Shorthair sont aussi connus pour leur tempérament facile à vivre, leurs habiletés de chasseur et leur intelligence. Faciles à élever et à nourrir, ce sont des animaux de compagnie parfaits.

AMERICAN SHORTHAIR TABBY CLASSIQUE ARGENTÉ

Exotic Shorthair

Cette race au look exotique est une variété de Persan (voir page 107) à poil court. L'Exotic Shorthair a le corps compact du Persan ainsi que sa tête de nounours aplatie, mais assortis d'une fourrure double, plutôt originale, dense, ni longue ni courte, et qui requiert pourtant un brossage bihebdomadaire si on veut la garder en parfait état. Cette race est récente, encore assez rare, car de nombreuses portées comportent des chatons à poil long.

Pendant des années, les éleveurs nord-américains ont croisé des American Shorthair et des Persans. En 1967, il a été décidé de donner un nouveau nom de race aux chats produits par ces unions afin de laisser la race American Shorthair dénuée de chats d'ascendance métisse. Par consé-

Apparition : années 1960
Origine : États-Unis
Ascendance : Persan et American Shorthair
Autres noms : exotique à poil court
Couleurs : tous les patrons et couleurs, y compris les patrons colourpoint, sépia et vison
Longueur de robe : mi-longue, un peu plus longue que les autres chats à poil court
Type de fourrure : fourrure double douce et pelucheuse, assez dense pour s'éloigner un peu du corps
Poids : 3 à 6,5 kg

EXOTIC SHORTHAIR TIPPED ARGENTÉ

EXOTIC SHORTHAIR NOIR UNI

quent, les parents d'un Exotic Shorthair doivent être soit un Persan et un American Shorthair, soit deux Exotic Shorthair, soit un Persan et un Exotic Shorthair. Quel que soit le mélange original, le résultat est un chat de forme arrondie des oreilles jusqu'aux pieds, idéal pour les câlins.

L'Exotic Shorthair présente un corps bréviligne, de moyen à grand, posé sur des pattes courtes mais fermes. La tête est grande et ronde, avec des joues pleines et un

**EXOTIC SHORTHAIR TABBY TIGRÉ
CRÈME ET BLANC**

nez plus court que celui d'un British ou d'un American Shorthair. Ayant hérité des « défauts » du Persan, notamment larmoiement, fosses nasales obstruées et problèmes dentaires, dans le but d'encourager un élevage davantage axé sur la santé que sur l'apparence, le standard de race britannique exige que le cuir du nez de l'Exotic soit situé au-dessous du bord inférieur des yeux. Malgré tout, comme chez de nombreux hybrides, ce chat est très résistant et il allie le meilleur du tempérament des deux races ascendantes, ce qui en fait un chat affectueux et détendu. Une robe égale est un standard

EXOTIC SHORTHAIR CRÈME

de race primordial : les juges pénalisent le moindre poil un peu trop long sur les oreilles ou la queue, ainsi que les poils entre les doigts. Chez l'Exotic, le patron tabby peut être classique, tigré ou tacheté, contrairement au Persan chez qui seul le patron classique est reconnu. Le marquage facial de ces trois patrons est le même; seul le marquage du corps varie. Alors que chez le Persan, le patron colourpoint est un groupe à part, chez l'Exotic, il est inclus dans les couleurs. Toutes les pointes doivent être assorties et le masque doit

s'étendre sur toute la face. Chez les Exotic écaille, le standard requiert que les couleurs soient proportionnelles et bien mélangées, et que les quatre pieds et la queue revêtent les deux couleurs. Ce patron étant difficile à prédire et à produire, des plages distinctes de couleur sont admises de même qu'une flamme de couleur sur la face.

EXOTIC SHORTHAIR FUMÉ NOIR

145

Chartreux

Apparition : avant le 18e siècle
Origine : France
Ascendance : chats de maison
Autres noms : Chat des Chartreux
Couleurs : uniquement bleu uni
Longueur de robe : courte
Type de fourrure : dense et luisante
Poids : 3 à 7,5 kg

de sa chatte : « Le soleil jouait sur son pelage de chatte des Chartreux, mauve et bleuâtre comme la gorge des ramiers. »

CHARTREUX

Il se pourrait que les ancêtres du Chartreux soient venus de Syrie, apportés en France par bateau durant le Moyen-Âge. On mentionnait déjà cette race en 1558. Ces chats auraient été élevés par les chartreux au monastère de la Grande-Chartreuse, en France, surtout connu pour sa fabrication de la liqueur du même nom. En France, la première utilisation du mot Chartreux pour désigner un chat à la fourrure bleue remonte à 1723 et se trouvait dans le Dictionnaire Universel du Commerce. Le naturaliste Linné (1707-1778) a ensuite reconnu le Chartreux comme une variété à part et Buffon (1707-1788) l'a décrit comme « le chat de France » et lui a attribué son nom scientifique : *Felis catus cartusianorum*. Une description poétique du Chartreux est née sous la plume de l'écrivaine française Colette (1873-1954) qui écrivait à propos

Les sœurs Léger de Bretagne ont été les premières à présenter des Chartreux en exposition à Paris, en 1931. Le Chartreux au corps massif, mais à la tête moins ronde que le British Shorthair bleu et à la robe un peu plus argentée, avait pratiquement disparu durant la Seconde Guerre mondiale. Actuellement, il ne subsiste que quelques rares Chartreux de race vraiment pure, mais on a réussi à régénérer l'espèce grâce à des croisements extérieurs des survivants avec des Persans (voir page 107) bleus et surtout avec des British Shorthair (voir page 130) bleus. Pendant un certain temps, la FIFe ne faisait pas de distinction entre le Chartreux et le British bleu, mais, actuellement, les deux races sont considérées comme distinctes.

Le Chartreux n'est ni bréviligne ni longiligne, et ses pattes à l'ossature fine ne sont pas épaisses même si elles sont courtes et solides, et les pieds sont ronds et petits en proportion de la taille du corps. La tête du Chartreux forme un trapèze large et présente un front haut et des oreilles au bout arrondi portées hautes. Malgré son museau étroit, la face du Chartreux ne paraît pas pointue en raison de ses patons arrondis et de bajoues assez importantes qui deviennent encore plus prononcées avec l'âge. Le cuir du nez est d'un bleu foncé, en harmonie avec la robe, et les yeux grands et ronds sont cuivre ou or. Pour nombre d'amoureux du Chartreux, ce qui est irrésistible chez lui, c'est son expression : il a toujours l'air d'arborer un petit sourire !

CHARTREUX

147

American Wirehair

Apparition : 1966

Origine : États-Unis

Ascendance : chat de ferme, American Shorthair

Autres noms : Américain à poil dur

Couleurs :

> Unies et écaille : noir, roux, bleu, crème, blanc (aux yeux bleus, or ou vairons), écaille de tortue et écaille bleu
>
> Ombré et tipped : ombré argenté, caméo ombré, chinchilla et caméo chinchilla
>
> Tabby, (classique et tigré) : brun, roux, bleu et crème
>
> Bicolores : couleurs unies et écaille avec blanc

Longueur de robe : mi-longue

Type de fourrure : élastique, serrée et frisée, un peu comme la laine du mouton, mais prend plusieurs jours pour refriser après avoir été mouillée ; moustaches ondulées

Poids : 3,5 à 7 kg

AMERICAN WIREHAIR TABBY BRUN

Ces chats très rares sont pratiquement inconnus à l'extérieur de leur Amérique du Nord natale et ils sont l'une des très rares races de chats à avoir véritablement pris naissance aux États-Unis. Les origines de l'American Wirehair remontent à 1966 quand une portée de chatons est née d'un couple de chats de ferme près de Vernon, dans le nord de l'État de New York. L'un des chatons, un mâle, avait une robe clairsemée et très rêche. Ses propriétaires ont communiqué avec un éleveur de la région, John O' Shea, qui a pris le chaton et une des femelles « normales » de cette portée et a entrepris un programme d'élevage destiné à établir la nature génétique de cette robe inhabituelle et, si possible, à développer une nouvelle race.

À la suite de tests effectués par des généticiens sur des échantillons de poils, on a découvert que le chat était effectivement une variété totalement nouvelle et qu'il était le produit d'une mutation spontanée au cours de laquelle chaque poil long était crépu et rêche et se terminait par une boucle. Ce poil rêche contrastait avec les autres chats à robe frisée comme les Rex,

AMERICAN WIREHAIR ROUX

149

AMERICAN WIREHAIR ROUX

dont la fourrure est assez douce au toucher. Le poil de l'American Wirehair semblait être encore plus dur que celui du fox-terrier à poil dur.

Le tout premier chat à poil dur, bien nommé Adam, était un mâle roux et blanc qui a été accouplé à une femelle « normale » de la même portée, supposément une

tabby brune et blanche, mais sans doute plutôt une tabby écaille brune et leur première portée est née le 7 juillet 1967. Des quatre nouveaux chatons, deux femelles étaient rousses et blanches à poil dur, comme leur père. Une est morte jeune et la survivante a été accouplée avec Adam et a donné naissance à plusieurs chatons à poil dur, dont une chatte née en 1969, qui a été le premier American Wirehair homozygote (de race pure). Adam a aussi été accouplé à une chatte blanche à poil court non apparentée et leur portée comportait trois autres chatons à poil dur, ce qui confirmait que le gène du poil dur est dominant : si l'un des parents est à poil dur, la portée comportera des chatons à poil dur.

Les chatons à poil dur sont facilement reconnaissables à la naissance : les moustaches et les poils de la face et des oreilles, de même que leur robe, sont crépus et poussent dans toutes les directions. Les chatons dont le poil est plus long présentent des frisettes tandis que les chatons à poil plus court ont une apparence plus ondulée. Dans les deux cas, la robe développe sa texture adulte au cours de la première année.

Le standard de race pour l'American Wirehair a été rédigé en 1967. La CFA exige que toutes les couleurs, à l'exception des argentés, aient des yeux d'un or éclatant alors que la TICA n'établit aucun lien entre la couleur des yeux et de la robe. L'American Wirehair se caractérise par une tête arrondie aux pommettes hautes, un dos rond et un torse bombé, des pattes de taille moyenne solides aux pieds arrondis et une queue effilée au bout arrondi quoique fin. Les propriétaires d'American Wirehair disent de leur chat qu'il est vigoureux, musclé, intelligent et capable de diriger la maison (et les autres chats) d'un « pied de fer » tout en étant détendu, rarement destructeur et en aimant être manipulé.

Snowshoe

Apparition : années 1960

Origine : États-Unis

Ascendance : Siamois, American Shorthair

Autres noms : Silver Laces

Couleurs :

    Gantées : seal, chocolat, lilas et bleu

    Bicolores : couleurs gantées avec blanc

Longueur de robe : courte

Type de fourrure : riche et serrée; pieds blancs
    avec pointes de type siamois

Poids : 2,5 à 5,5 kg

Le Snowshoe allie la coloration pointée du Siamois (voir page 161) et la panachure. Les guêtres de ses pattes postérieures ressemblent un peu aux éperons du Birman à poil long (voir page 70), mais le Snowshoe a la tête plus longue que celle attendue d'un Birman, sans doute à cause de l'influence des races à poil court dont il est issu.

SNOWSHOE SEAL POINT ET BLANC

SNOWSHOE SEAL POINT ET BLANC

Le Snowshoe est le résultat des efforts entrepris par Dorothy Hinds-Daugherty dans les années 1960 pour croiser sa Siamoise avec des American Shorthair. Au départ, les autres éleveurs de Siamois étaient méfiants à l'égard de ce nouvel hybride car les doigts blancs étaient jugés comme un défaut chez les premiers Siamois et beaucoup craignaient que la panachure ne réapparaisse dans les lignées de Siamois, après plusieurs décennies d'élevage appliqué à sa disparition. Ce défaut avait sans doute été hérité des American Shorthair, justement les ancêtres du Siamois. À cette époque, la superbe coloration des pointes était la marque de fabrique du Siamois, alors qu'aujourd'hui, elle est reconnue chez de nombreuses races.

Le Snowshoe est un chat de type médioligne, à la fois mince et musclé, un intermédiaire entre les chats musclés d'Europe du Nord et les chats plus svelte d'Afrique et d'Asie. Il possède une tête modérément cunéiforme, des yeux bleus et de grandes oreilles pointues. Ses pieds sont plutôt ovales avec des coussinets gris et sa longue queue est moyennement effilée. Sa robe est courte, riche, serrée et près du corps.

Le patron ganté caractérise le Snowshoe. Ses gants doivent s'arrêter à la cheville sur les pattes avant et ses guêtres sous le jarret sur les pattes arrière. La proportion de blanc

SNOWSHOE BLEU POINT

ne doit pas excéder le tiers du corps – sauf chez le bicolore seal où il ne doit pas couvrir plus des deux tiers de la surface totale du corps – et on ne doit voir aucune tache blanche isolée, même s'il peut y avoir du blanc sur le visage. C'est justement le patron facial qui détermine si le Snowshoe est ganté ou bicolore : une tache en forme de V inversé présente sur le nez et s'étendant jusqu'aux yeux indique que le chat est bicolore alors que tout blanc visible ailleurs signifie qu'il est ganté. Les chatons naissent blancs et il peut falloir jusqu'à deux ans pour que le marquage soit clairement défini, la coloration s'assombrissant avec l'âge.

Ce chat extrêmement beau, volubile mais à la voix douce, était peu connu jusque dans les années 1980. Il a été reconnu en 1983 par la TICA et bien qu'il ait acquis une popularité méritée, le Snowshoe demeure encore rare à l'extérieur des États-Unis.

Abyssin

Animal d'une grande beauté, l'Abyssin est l'une des plus anciennes races de chats et l'une des plus populaires dans le monde. L'Abyssin, et sa version plus récente à poil long, le Somali (voir page 100), sont uniques dans l'univers félin dans la mesure où le patron de leur robe repose sur un seul gène mutant, que l'on ne retrouve chez aucune autre race pure. Ce gène porte le nom d'abyssin et il se note T^a.

Apparition : années 1860

Origine : Éthiopie

Ascendance : chats de maison et de rue éthiopiens

Autres noms : aucun

Couleurs : les noms varient selon les pays

Tabby (tiqueté) : lièvre, roux, sorrel, bleu, faon, lilas (lavande), crème, écaille chocolat, écaille cannelle, écaille bleu, écaille lilas et écaille faon

Tabby argenté (tiqueté) : argenté, sorrel argenté et bleu argenté

Longueur de robe : courte

Type de fourrure : lustrée et dense; la couleur du tiquetage est due à quatre bandes minimum de couleur sur la tige du poil

Poids : 4 à 7,5 kg

ABYSSIN NOIR

ABYSSIN BLEU ARGENTÉ

ABYSSIN LIÈVRE

Le gène est l'un des allèles de la série agouti qui donne à chaque poil plusieurs bandes de couleur, réparties régulièrement sur un fond plus clair. Il en résulte une robe tiquetée magnifique semblable à celle du chat sauvage d'Afrique. On peut trouver certaines marques tabby résiduelles sur la tête et parfois sur la queue et les pattes. La morphologie de ce chat est également unique : long, mince et pourtant puissant. Même s'il est clairement de type longiligne, il l'est beaucoup moins que le Siamois (voir page 161).

À l'instar d'un grand nombre de races anciennes, les origines de l'Abyssin sont obscures. D'aucuns les situent dans la vallée du Nil car la morphologie de ce chat ressemble beaucoup à celle des chats peints et sculptés dans l'Égypte antique. Les Abyssins ont été introduits en Europe pour la première fois en 1868, quand des soldats anglais, de retour de la guerre d'Abyssinie, ont rapporté une chatte baptisée Zula. Il semblerait que Zula, ainsi que d'autres chats importés d'origine inconnue mais présentant une coloration similaire, aient servi à la reproduction. Ces chats particuliers étaient connus sous le nom de « chat-lapin » ou « chat-lièvre », ce dernier surnom expliquant l'appellation d'une de leurs cou-

ABYSSIN ROUX

leurs : lièvre, un brun doré soutenu, tiqueté de bandes de noir. D'un point de vue génétique, les Abyssins lièvre sont des chats noirs dont la couleur lièvre est due aux polygènes « rufus ». Ce groupe de gènes modifie la couleur orange pour produire un roux flamboyant.

D'autres couleurs sont apparues par la suite. L'Abyssin roux, appelé maintenant sorrel, a été enregistré en 1887. Il présente une robe rouge cuivré, tiquetée de brun chocolat clair, et un sous-poil d'une chaude couleur abricot. On a changé le nom

ABYSSIN FAON ARGENTÉ

de la coloration car on sait désormais avec certitude que cette couleur de l'Abyssin n'est pas le résultat d'un gène roux lié au sexe; il ne s'agit pas du vrai gène roux, mais plutôt d'un gène récessif brun clair *bl*. L'appellation « roux » est réservée aux chats dont le roux est lié au sexe, comme c'est le cas pour les vrais Abyssins roux qui sont désormais produits. Une modification nominale similaire s'est produite pour l'Abyssin crème chez qui la coloration crème n'était pas un vrai crème lié au sexe, mais une version diluée du sorrel. Le crème a donc été renommé faon, et là encore, les

ABYSSIN SORREL ARGENTÉ

éleveurs ont introduit un crème réellement lié au sexe, qui a donné un vrai Abyssin crème!

Accepté comme race en 1882, l'Abyssin a frôlé l'extinction en Grande-Bretagne durant la Première Guerre mondiale, mais en 1917, le premier Abyssin était enregistré à la CFA en Amérique du Nord et dans les années 1930, la race s'était bien fixée aux États-Unis où elle est sans doute actuellement la plus populaire. C'est aussi l'une des races les plus coûteuses car l'Abyssin a tendance à mettre bas de petites portées – encore plus petites que les races orientales – de quatre chatons en moyenne. En outre, il semblerait qu'il naisse davantage de mâles que de femelles et que leur maturation étant plus lente que la plupart des autres races, exception faite du Somali, les marques de la robe risquent de ne pas se voir avant plusieurs années.

L'apparence de l'Abyssin évoque la vitalité. Sa tête est cunéiforme, ses yeux en forme d'amande arrondie sont verts, noisette ou ambre, cerclés de brun foncé ou de noir et entourés de lunettes plus claires. Malheureusement, ils peuvent souffrir de formes héréditaires d'atrophie rétinienne, une cécité plus fréquente chez les chiens que chez les chats. Les oreilles de l'Abyssin sont grandes, bien espacées, en coupe et de préférence pourvues de plumets. La queue est aussi longue que le corps, couverte d'un pelage dense et elle s'effile progressivement tandis que la robe tiquetée est près du corps et fine sans être moelleuse.

ABYSSIN FAON

159

ABYSSIN SORREL

D'un naturel doux et affectueux – quoique guère enclin à
partager son foyer avec d'autres
chats – l'Abyssin fait un compagnon idéal, même s'il risque aussi
d'être turbulent. C'est un athlète-
né qui adore grimper partout. En
général peu bavard, il a néanmoins
une voix très particulière, semblable
à un « son de cloche ».

ABYSSIN BLEU

Siamois

Apparition : avant les années 1700

Origine : Thaïlande

Ascendance : chats de maison et de temple

Autres noms : Chat Royal du Siam

Couleurs :

> Couleurs de pointes siamoises : seal, chocolat, bleu et lilas
>
> Nouvelles couleurs de pointes pour le poil court (produites par des gènes récessifs) reconnues par la CFA : toutes les couleurs en versions roux, crème, tortie et tabby

Longueur de robe : courte

Type de fourrure : près du corps et fine

Poids : 2,5 à 5,5 kg

SIAMOIS CHOCOLAT POINT

161

SIAMOIS LILAS POINT

Pour bien des gens, le chat
Siamois incarne toute la beauté
féline et, de toutes les races, c'est
sans doute la plus facilement reconnaissable grâce à ses pointes – oreilles, masque,
pattes et queue colorés – qui forment un
contraste avec un corps plus clair, le tout
rehaussé d'yeux bleus, vifs et perçants. Les
chatons Siamois naissent blancs et ils ne
développent leur couleur et leur marquage
que progressivement.

SIAMOIS SEAL TABBY POINT

SIAMOIS ABRICOT POINT

Le Siamois fait partie intégrante de l'art et de la littérature de l'ancien Siam (aujourd'hui la Thaïlande) et il peut se vanter de ses origines authentiquement orientales. Depuis son introduction dans le monde occidental il y a 100 ans, le Siamois demeure l'une des races les plus populaires comme animal de compagnie et comme chat d'exposition.

Les origines du Siamois ont fait l'objet de nombreuses théories, mais il est généralement admis qu'il est une variété d'un chat trouvé dans l'ancienne cité d'Ayuthia, fondée en 1530, et la capitale du Siam jusqu'en 1767, date de son invasion par les Birmans. Parmi les artefacts et manuscrits récupérés dans la cité et conservés actuellement à la Bibliothèque Nationale de Thaïlande, à Bangkok, le *Livre de poèmes sur le chat* est le plus connu et aussi, pour bien des gens, le plus beau. La date exacte de sa rédaction est inconnue, mais elle pourrait se situer entre 1350 et 1750. Sous forme de vers, ce manuscrit décrit des

163

SIAMOIS CHOCOLAT TABBY POINT

Siamois seal point à la superbe robe claire, à la queue, aux pieds et aux oreilles noirs et dont les yeux émettent une lueur rougeâtre la nuit.

Ces chats à pointes colorées n'étaient pas les seuls à Ayuthia : d'autres chats décrits dans les manuscrits sont notamment le Korat (voir page 192) et le Supalak. Il semble toutefois que les chats à pointes colorées étaient particulièrement prisés et qu'on les gardait dans les temples et les palais royaux. En 1884, le roi du Siam a offert deux Siamois au consul général britannique à Bangkok et la sœur de celui-ci les a rapportés en Angleterre et les a présentés à l'exposition du *Crystal Palace* en 1885. On a toutefois la preuve de la présence de Siamois à la toute première exposition féline en 1871 alors qu'ils avaient été décrits comme « une sorte de chat contre nature, effrayant ».

Quand les premiers Siamois arrivèrent en Europe, des histoires exotiques – sans doute inventées – les accompagnaient pour expliquer leur strabisme et le nœud de leur queue. Selon la légende, la nuit, les chats sacrés des temples étaient responsables du vase sacré de Bouddha. Pour s'assurer qu'il ne lui arriverait rien, les chats l'enveloppaient de leur queue et l'observaient fixement. C'est ainsi que leur queue se noua et qu'ils louchèrent. Une autre légende raconte que la nuit, les dames de la cour confiaient leurs bijoux à leurs chats. Elles enfilaient leurs bagues sur la queue des chats et le nœud se serait créé pour retenir les bijoux. Les explications scientifiques du strabisme et du nœud de la queue reposent sur des découvertes génétiques. De nos jours, ces deux anomalies sont jugées comme des défauts et, par le biais de la sélection, on les a considérablement éliminées de la race.

Bien que populaire, le Siamois est très difficile à élever car ce chat n'est pas robuste et est sujet à l'entérite féline (un virus potentiellement mortel qui s'attaque à la muqueuse intestinale, contre lequel il existe néanmoins un vaccin) et aux problèmes respiratoires. À la fin

SIAMOIS CHOCOLAT POINT

SIAMOIS TABBY POINT

du 19ᵉ siècle, il s'était malgré tout bien établi en Grande-Bretagne et il est arrivé en
Amérique dans les années 1890.

Les premiers standards de la race ont
été rédigés en 1892. Les premières personnes à avoir mentionné cette race ont
parlé de deux genres de Siamois parmi les
premiers chats importés. Celui qui arborait
un corps clair et des pointes colorées, baptisé le Chat Royal du Siam, remporta
davantage de succès. L'autre fut décrit

comme un chocolat point au corps d'un brun soutenu et aux pointes sombres. En 1896, en Grande-Bretagne, un homme revenu du Siam présenta un chat bleu point qui fut disqualifié par le juge. Certains documents rapportent qu'il s'agissait là d'un chat bleu uni semblable au Korat (voir page 192). Néanmoins, un Siamois bleu point a été enregistré à la fin du 19e siècle. Dans les années 1920, les Siamois ont fait leur apparition aux États-Unis et, en 1932, la CFA les a reconnus alors qu'ils ne l'ont été en Grande-Bretagne qu'en 1936. Le

SIAMOIS BLEU CRÈME POINT

Siamois lilas point est le fruit de la combinaison de la dilution bleue et des gènes chocolat-noir. Il a été reconnu dans les années 1950 aux États-Unis et dans les années 1960 en Grande-Bretagne.

Aux yeux de nombreuses associations félines, les quatre couleurs de base – seal point, bleu point, chocolat point et lilas point – sont les seules vraies variétés de Siamois. Certains puristes maintiennent même que le vrai Siamois est le seal point aux yeux bleus. Et pourtant, de nombreuses couleurs sont apparues. D'abord le red point, puis les tortie point – produits à présent dans les couleurs seal, bleu, chocolat et lilas –, suivis des crème point et des tabby point. Dans les années 1970, la découverte du gène inhibiteur (*I*) responsable de la couleur argentée chez les chats a rendu possible la production d'un Siamois tabby argenté point. Grâce aux recherches génétiques effectuées sur la coloration des chats, d'autres variétés ont été possibles, comme les chats à pointes fumées, chez qui les zones colorées présentent un tipping important produisant un motif tabby ombré.

Peu importe la couleur de leurs pointes, tous les Siamois affichent les caractéristiques vocales et la nature extravertie typiques de cette race. Extrêmes dans leur apparence – corps svelte, tête longue aux yeux en oblique et au museau fin, pattes postérieures plus longues que les antérieures et queue longue, effilée et sans nœud – les Siamois le sont aussi dans leur caractère. Ce sont les chats les plus bruyants, turbulents, capricieux, intelligents et exigeants. Mais, par-dessus tout, ce sont les chats les plus caressants et, pour de nombreux admirateurs, les plus beaux, à avoir agrémenté la planète.

Dans leur pays d'origine, on n'avait jamais réservé le nom de Siamois aux chats à pointes colorées. Ce n'est que par hasard que les premiers chats en provenance du Siam ayant attiré l'attention des félinophiles occidentaux avaient les pointes colorées.

SIAMOIS BLEU TABBY POINT

169

Burmese: Américain et Européen

Apparition : années 1930
Origine : Birmanie (actuel Myanmar)
Ascendance : chats de temple, croisements avec
    Siamois
Autres noms : aucun
Couleurs :
    Burmese Américain sépia : brun zibeline
    (sable), chocolat (champagne), bleu et lilas
    (platine)
    Burmese Européen : couleurs unies et écaille –
    brun zibeline, roux, chocolat, bleu, lilas, crème,
    écaille de tortue, écaille chocolat, écaille bleu et
    écaille lilas
Longueur de robe : courte
Type de fourrure : lisse et satinée
Poids : 3,5 à 6,5 kg

Élégant et richement coloré, le Burmese au
corps musclé et pourtant compact a déjà
été décrit comme « des briques envelop-
pées de soie ». Bien que des chats
Burmese bruns aient vécu au Myanmar
depuis plusieurs siècles, le Burmese a été la
première race à pedigree développée entièrement aux États-Unis et l'une des premières races à faire l'objet d'études génétiques approfondies.

BURMESE ÉCAILLE LILAS

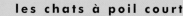

BURMESE ÉCAILLE ZIBELINE

Depuis son introduction en Occident dans les années 1930, le Burmese a évolué en deux variétés – presque deux races distinctes – de part et d'autre de l'Atlantique, même si le Burmese Européen descend de Burmese Américains importés en Europe après la Seconde Guerre mondiale.

Européens ou Américains, presque tous les Burmese contemporains de race pure descendent de la même femelle nommée Wong Mau. Cette jolie chatte d'un brun noyer aux pointes sombres a été importée de Rangoun par Joseph Thompson,

BURMESE ÉCAILLE CHOCOLAT

BURMESE BLEU

un psychiatre de la marine américaine. À cette époque, on ne connaissait pas de chat semblable.

N'ayant à sa disposition aucun chat identique avec qui accoupler Wong Mau, Thompson l'a mariée à un chat d'une race la plus approchante, soit un Siamois, et il a croisé la progéniture en retour avec Wong Mau. Au bout de plusieurs générations, trois variétés de chats se retrouvaient dans les descendants de Wong Mau : certains avec une coloration siamoise typique, certains identiques à Wong Mau et d'autres qui étaient entièrement bruns, les premiers Burmese de race pure. Des élevages subséquents ont permis de confirmer l'existence

du gène burmese c^b et tous les chats Burmese sont homozygotes relativement à ce gène et ils engendreront des chatons de race pure. Les chats identiques à Wong Mau, de coloration intermédiaire, possèdent un gène burmese et un gène siamois, et ils sont désormais élevés comme des Tonkinois (voir page 198).

Les standards d'exposition des Burmese d'Amérique du Nord et d'Europe (ainsi que d'Afrique du Sud, d'Australie et de Nouvelle-Zélande) sont différents. Pour le Burmese Européen, le standard réclame une tête de forme orientale, modérément cunéiforme, des yeux ovales et des pattes longues. Pour le Burmese Américain, le standard favorise

BURMESE CRÈME

au contraire une tête de forme arrondie aux yeux ronds. Cette apparence s'est cependant accompagnée d'une déformation du crâne qui peut être létale et exige bien souvent l'euthanasie du chat atteint.

Chez tous les Burmese, la robe courte, dense et lustrée, de texture fine et brillante, est une caractéristique marquée et tout le monde s'accorde pour dire que brun zibeline (sable aux É.-U) est la couleur originelle de la race. Il existe quand même d'autres couleurs : bleu, où la robe est d'un doux gris argenté, un peu ombré sur le ventre; chocolat (champagne aux É.-U.) et sa version diluée, lilas (platine aux É.-U.). Il est difficile de différencier un lilas d'un chocolat avant que les chatons n'aient quelques semaines puisqu'ils naissent presque blancs.

Un deuxième groupe de couleurs comprend les roux, crème et écaille, qui reposent sur le gène orange O et ont été développées principalement par les éleveurs

britanniques au milieu des années 1970. Le roux de la race Burmese provient de trois sources : un tabby roux à poil court, un Siamois red point et un chat de ferme écaille et blanc. Un programme d'élevage s'est développé à partir de ces lignées et il a produit des robes claires, rousses ou crème, aussi dépourvues de marques et de bandes tabby que possible. Les roux chez les Burmese sont plus clairs que les autres roux et souvent décrits comme « mandarine » avec des oreilles plus foncées, un nez et des coussinets roses. Les crème sont riches avec des oreilles à peine plus foncées tandis que les écaille, en l'occurrence toujours des femelles, sont très bariolées, arborent une superbe flamme faciale, avec des zones de couleur unie claire ou sombre autorisées. En règle générale, toutefois, les Burmese ont tendance à présenter des motifs colorés plus petits que les autres chats écaille. Certaines associations ne reconnaissent que ce qu'elles considèrent être les vraies couleurs du Burmese, soit brun zibeline et bleu.

La personnalité de ce chat fait en revanche l'unanimité. Fort et athlétique, intrépide et amusant, affectueux et intrigant, il se plaira indifféremment à la ville ou à la campagne. Malgré la proportion relativement importante d'anomalies crâniennes congénitales – sans doute causées par la consanguinité des premières années du développement de la race – la majorité des Burmese jouissent d'une bonne santé et vivent vieux (18 ans et même plus sont chose courante).

BURMESE BRUN

Savannah

La troisième génération F$_3$ de cette nouvelle race est acceptée en tant que race expérimentale depuis 2002 et uniquement par la TICA. Le Savannah est un hybride de chat domestique et de serval (*Felis serval*), un félin d'Afrique aux longs membres et à la robe fauve tachetée de noir, mesurant environ 60 cm à l'épaule et 1,5 m entre le nez et le bout de la queue. Étant donné que le chat domestique et le serval sont deux espèces différentes, des accouplements de ce type sont difficiles à réussir et les Savannah sont donc encore extrêmement rares. La durée de gestation du serval est de 74 jours et celle d'un chat domestique d'environ 65 jours. Cette différence s'est traduite par des naissances prématurées et des chatons mort-nés.

Le Savannah est une réplique plus petite de son ancêtre sauvage, tout en étant beaucoup plus gros qu'un chat domestique moyen. Les trois premières générations de Savannah ont été nommées F$_1$, F$_2$ et F$_3$: ces descendants avaient un patron de robe tacheté identique au serval, mais avec des couleurs de fond diverses. Actuellement, les seules variations de couleur autorisées

Apparition : années 1990
Origine : États-Unis
Ascendance : Serval africain et Bengale
Autres noms : Savana
Couleurs : diverses
Longueur de robe : courte
Type de fourrure : diverse, allant de rêche à fine
Taille : jusqu'à 75 cm entre le nez et le bout de la queue, 8 à 13 kg

SAVANNAH

SAVANNAH

sont des couleurs de fond allant de l'or à l'orange avec des marques noires bien visibles, un fond argenté avec des marques noires bien visibles et le noir fumé. De plus, la texture de la robe peut varier de la texture rêche du serval à la robe plus dense, douce et souple du chat domestique.

Dans leurs programmes d'élevage, certains éleveurs font appel à des Bengale (voir page 218), également tachetés, dans le but de préserver et d'accentuer le patron de robe moucheté et en espérant que, de génération en génération, le Savannah « rapetissera » jusqu'à avoir la même taille qu'un chat domestique. Les rares spécimens de cette nouvelle race montrent un chat très particulier et superbe : mince et musclé, aux pattes longues et fines, aux pieds petits et dotés de doigts longs. Le Savannah a une queue qui mesure les trois quarts de celle d'un chat domestique moyen. Quand le chat est sur le qui-vive, sa queue s'enroule vers l'arrière au-dessus de sa croupe. Le corps est long, presque oriental, quoique beaucoup plus massif. Le cou est mince et les oreilles sont grandes et rondes. Les yeux ovales un peu en amande sont d'un jaune, vert, or ou brun caramel soutenus et une ligne noire est dessinée dans leur coin intérieur.

Le Savannah est parfois surnommé chat-chien car il adore se retrouver au cœur de l'action. Comme tous les chats, il aime se percher pour observer le monde. Bien qu'il reste rare, le Savannah possède heureusement la vigueur d'un hybride incarnée par une constitution forte et résistante aux maladies. Cet atout, associé à un look original et esthétique, devrait faire du Savannah un nouveau chouchou des félinophiles.

Chausie

Le Chausie est l'une des races de chats les plus récentes – sa création n'a été inscrite auprès de la TICA qu'en juillet 1995 – et c'est un hybride du Chat de la jungle (*Felis chaus*) et du chat domestique. Le Chat de la jungle, aussi appelé Chat des marais, est originaire d'Égypte et d'Asie du Sud-Est. Parmi les chats sauvages de petite taille, il est l'un des plus gros et il pèse en moyenne entre 7 et 16 kg.

Le Chausie est reconnu provisoirement par la TICA dans trois couleurs de robe, toutes semblables à celles du Chat de la jungle, soit noir, noir avec un tiquetage argenté, et doré qui va d'une couleur lièvre (similaire à celle de l'Abyssin, voir page 155) à un faon roussâtre clair. Les chatons arborent des rayures ou des taches qui, avec l'âge, s'atténuent pour ne laisser voir qu'une superbe robe tiquetée présentant idéalement entre trois et sept bandes de couleur sur chaque poil. Chez les chats adultes, des anneaux ou des rayures restent apparents sur les pattes.

La tête est de forme cunéiforme modérée, avec un museau carré et des patons ronds. Les yeux sont grands et légèrement inclinés

Apparition : années 1990

Origine : États-Unis

Ascendance : Chat de la jungle (*Felis chaus*) et chats domestiques

Autres noms : aucun

Couleurs : noir, noir avec tiquetage argenté, doré

Longueur de robe : courte

Type de fourrure : près du corps

Taille : 35 à 45 cm aux épaules, 8 à 13 kg

Le Chausie n'est pas reconnu par la CFA et la TICA lui a accordé une reconnaissance provisoire.

CHAUSIE TABBY TIQUETÉ BRUN

CHAUSIE TABBY TIQUETÉ BRUN

de celle d'un chat domestique. Ce caractère est dû à un gène récessif, la coupe artificielle de la queue étant interdite.

Le Chausie commence à se faire connaître par ses prouesses athlétiques : il peut sauter à une hauteur de près de 2 m et ses longues pattes postérieures lui permettent de courir très vite. Doté d'un corps rectangulaire, d'une poitrine large et d'une ossature solide, ce grand chat est souvent deux fois plus grand qu'un chat domestique et il peut peser jusqu'à trois fois plus.

Malgré sa taille et ses origines sauvages, le Chausie est un chat au caractère doux et affectueux, très fidèle à ses maîtres. Il a le comportement typique d'un chat-chien, fidèle et dévoué, en plus d'être très intelligent : il aime par exemple rapporter les objets. Il garde malgré tout la curiosité et les habitudes typiques des chats, comme celles de se faufiler sur le manteau de la cheminée, s'asseoir sur les étagères et s'allonger à des endroits chauds parfois surprenants.

vers le bord inférieur des oreilles, elles-mêmes de taille moyenne. (Des plumets semblables à ceux de son ancêtre sauvage sont très souhaitables.) Jaune et or sont les couleurs privilégiées pour les yeux, mais noisette est aussi acceptable. Un trait particulier du Chausie est sa queue relativement courte : elle ne mesure qu'environ les trois quarts

Burmilla

BURMILLA CHOCOLAT ARGENTÉ OMBRÉ

Apparition : 1981

Origine : Grande-Bretagne

Ascendance : Burmese, Persan chinchilla

Autres noms : Asian

Couleurs :

Burmilla ou ombré (uni, sépia) : noir, chocolat, roux, bleu, lilas, crème, caramel, abricot, écaille de tortue, écaille chocolat, écaille bleu, écaille lilas et écaille caramel

Argenté ombré : couleurs et patrons identiques à l'ombré

Fumé (uni, sépia) : identiques au sépia

Unies : noir, chocolat, roux, bleu, lilas, crème, caramel, abricot, écaille de tortue, écaille chocolat, écaille bleu, écaille lilas et couleurs sépia

Tabby (tous les patrons en uni, sépia) : brun, chocolat, roux, bleu, lilas, crème, caramel, abricot, écaille de tortue, écaille chocolat, écaille bleu, écaille lilas et écaille caramel

Tabby argenté : couleurs et patrons identiques aux tabby normaux

Longueur de robe : courte

Type de fourrure : fine, douce, dense et près du corps

Poids : 4 à 7 kg

Le Burmilla est le résultat de l'union fortuite entre une femelle Burmese lilas et un Persan chinchilla, qui s'est produite à Londres, en 1981. Leurs quatre chatons au pelage argenté ombré étaient très beaux et ils constituent les fondateurs de la race. En 1984, on a fondé le *Burmilla Cat Club* et, à la suite de consultations avec les diverses organisations félines, on a mis sur pied un programme d'élevage.

La première portée était de type Burmese et, au départ, la politique était de marier des Burmilla et des Burmese, une génération sur deux, afin d'élargir le fonds génétique. Même si le Burmilla partage essentiellement les mêmes origines que le Tiffanie à poil long (voir page 104), en 1984, le Burmilla a été reconnu par le GCCF et en 1994 par la FIFe comme étant un chat dont l'élevage se distinguait suffisamment pour qu'on lui donne le nom de groupe, plutôt que celui de race. Le Groupe Asian a été le premier dont le standard accorde des points pour le caractère. Par conséquent, le Burmilla est voué à gagner en popularité, non seulement grâce à sa belle apparence, mais aussi parce qu'il est très facile à vivre, ce qui en fait un animal de compagnie idéal.

Ce qui frappe le plus chez le Burmilla, c'est son « trait d'eye-liner » sombre et ses patons d'une couleur terre cuite plutôt que rose, également soulignés, qui donnent l'impression que le chat a été soigneusement maquillé. Ses splendides yeux verts se situent à mi-chemin entre rond et en amande. Le Burmilla est pourvu d'un corps fort, d'une tête doucement arrondie et d'oreilles

**BURMILLA LILAS
ARGENTÉ OMBRÉ**

assez grandes, bien espacées et légèrement inclinées vers l'extérieur. Ses pattes sont de longueur moyenne – les postérieures un peu plus longues que les antérieures – et ses pieds ovales arborent des coussinets noirs.

Il porte un peu haut et de manière élégante une longue queue effilée au bout rond. Son pelage court et fin est plaqué au corps et en même temps très doux et dense.

La race Burmilla comprend des chats à pelage ombré et tipped, mais le tipping ne doit pas être clair au point de paraître blanc. Les marques tabby se limitent au « M » sur le front, aux pattes et à la queue, et le collier – anneaux autour du cou – ne doit pas être fermé. Des tabby tiquetés sont admis dans les robes normales et argentées dans toutes les couleurs asiatiques. Bien que l'intensité de la coloration puisse être moindre chez les tabby argenté, il devrait toujours y avoir au moins deux bandes de tiquetage plus foncé sur chaque poil. La couleur unie originelle du Burmilla est le noir brillant.

Bombay

Baptisé du nom de la ville indienne où l'on rencontre encore des panthères noires, le Bombay est le fruit du travail de l'éleveur Nikki Horner qui, dans les années 1950, a essayé de reproduire une « panthère noire miniature ». Dans les années 1960, Horner a réussi à produire le premier de ces chats musclés, à la fourrure noire et lustrée, à la tête ronde et aux yeux cuivre. Bien que le

Apparition : années 1960

Origine : États-Unis

Ascendance : Burmese zibeline et American Shorthair noirs

Autres noms : aucun, mais souvent décrit comme une « panthère noire miniature »

Couleurs :

Unies : noir

Longueur de robe : courte

Type de fourrure : serrée et lustrée, comme du cuir verni

Poids : 2,5 à 5 kg

Bombay ressemble à un Burmese noir, il en diffère en ce qu'il est le fruit d'un mariage entre American Shorthair (voir page 138) noir et Burmese (voir page 170) zibeline.

N'ayant qu'un seul gène burmese c^b, la progéniture était noire tout en arborant le poil court et soyeux de la race. Étant donné que le gène du patron pointé sépia porté par le Burmese est récessif, des chatons zibeline à pointes sépia apparaissent parfois dans des portées de Bombay et tous les chatons Bombay arborent des marques

BOMBAY

tabby à la naissance. L'intensité et la couleur somptueuses du Bombay peuvent prendre jusqu'à deux ans pour se développer complètement.

Le Bombay n'est accepté en tant que race que depuis 1976. Certaines lignées de Bombay ont souffert de la déformation crânienne congénitale héritée du Burmese et l'élevage sélectif a permis de rapprocher la forme de sa tête de celle de l'American Shorthair (voir page 138). La face est modérément cunéiforme et le cuir du nez,

les coussinets et le bord des yeux est d'un noir uni (ou d'un brun très, très foncé). Les grandes oreilles au bout arrondi sont un peu inclinées vers l'avant, donnant l'impression que le Bombay écoute toujours attentivement ce que l'on dit. La longue queue est portée avec fierté, le dos est droit et le corps musclé. Ce chat a un appétit assez vorace et même une fois adulte, il ne perd jamais sa grâce naturelle. Très affectueux, le Bombay, comme le Burmese, recherche la chaleur et peut rester couché pendant des heures sur les genoux de quelqu'un qui, en caressant le pelage de l'animal, lui conservera son lustre et sa texture.

BOMBAY

Brun de Havane

Apparition : 1952

Origine : États-Unis et Grande-Bretagne

Ascendance : Siamois chocolat point et Bleu Russe

Autres noms : Havana, Havana Brown

Couleurs : brun chocolat est le standard, mais on trouve aussi des chats lilas

Longueur de robe : très courte

Type de fourrure : dense et lustrée, près du corps et sans aucun marquage

Poids : 2,5 à 4,5 kg

JEUNE CHAT BRUN DE HAVANE

Les poètes de l'ancien
Siam (aujourd'hui la
Thaïlande) chérissaient les
chats entièrement bruns.
Jugés d'une grande beauté,
ils étaient également censés
protéger leurs maîtres du mal.
Ces chats furent parmi les premiers Siamois à parvenir en

BRUN DE HAVANE

Occident au 19e siècle. On sait maintenant qu'ils correspondaient à plusieurs variétés génétiques différentes, notamment ce que nous appelons aujourd'hui le Burmese (voir page 170) et le Tonkinois (voir page 198), ainsi que des unis chocolat. Au début du 20e siècle, le *Siamese Cat Club* britannique a déclaré qu'il n'encouragerait l'élevage que du Siamois aux yeux bleus, typique de la race actuelle, et les rares bruns furent mis de côté jusque dans les années 1950.

Deux éleveurs britanniques commencèrent alors à élever des chats bruns unis qui présentaient la coloration chocolat du Siamois plutôt que la coloration zibeline du Burmese nouvellement importé. À cette époque-ci, les seules races étrangères reconnues, en dehors du Siamois, étaient le Bleu Russe (voir page 189) et l'Abyssin (voir page 155). Le premier chaton arborant la nouvelle couleur est né en 1952, d'un croisement Siamois seal point (porteur du gène chocolat) et chat noir à poil court (lui-même produit en croisant un seal point et un chat noir). Ce chaton est le fondateur d'une nouvelle race de chats élégants et gracieux inscrits en Grande-Bretagne en 1958 sous le nom de Chestnut Brown Foreign Shorthair.

À peu près à la même époque, un couple de chats de cette nouvelle race a été envoyé aux États-Unis dans l'intention de la développer en Amérique et là-bas, on les a enregistrés sous le nom de Havana, non pas d'après la capitale cubaine mais à cause de la race de lapins de la même couleur. En 1959, la race a été reconnue aux États-Unis sous le nom officiel de Havana Brown (Brun de Havane). Les Chestnut britanniques ont continué à être importés aux États-Unis et enregistrés sous le nom de Brun de Havane jusqu'en 1973, date à laquelle la CFA a homologué la race Oriental à poil court (voir page 203) et, à partir de là, les chats importés étaient enregistrés sous le nom d'Oriental à poil court « chestnut » (châtaigne). Pour ajouter encore à la confusion, la couleur de l'Oriental à poil court appelée « chestnut » aux États-Unis se nomme « havana » en Grande-Bretagne !

Le Brun de Havane s'est donc développé comme une race uniquement nord-américaine et les standards des juges sont différents de ceux qui prévalent au Royaume-Uni. Aux États-Unis, les éleveurs ont interdit le recours au Siamois dans le programme d'élevage. Par conséquent, le chat américain est beaucoup plus robuste et il a une tête plus ronde et une fourrure un peu plus longue. À l'opposé, en Grande-Bretagne,

la tendance a été d'obtenir une morphologie qui soit davantage de type siamois et, par conséquent, les Bruns de Havane britanniques sont plus bavards que leurs homologues américains.

Dans les deux cas, le Brun de Havane est haut sur patte. Il possède une tête un peu plus longue que large, un stop typique, des yeux ovales d'un vert chartreuse et une couleur foncée et riche, identique à celle d'un très onéreux cigare !

Par le biais de l'utilisation du Bleu Russe dans le programme d'élevage destiné à la création du Brun de Havane, on a introduit le gène récessif de la dilution responsable du bleu, ce qui a conduit à l'apparition occasionnelle de Bruns de Havane lilas (lavande).

Bleu Russe

Des origines exotiques – toujours bienvenues chez une race de chat – associées à la couleur unie la plus souhaitable, soit bleu, font du Bleu Russe un des chats les plus extraordinaires. Le bleu est la couleur unie originelle de la race et, de l'avis de certains, le seul Russe authentique, même si on a récemment développé des variétés noires et blanches. Le Bleu Russe trouverait ses origines dans le port d'Arkhangelsk, sur la mer Blanche, d'où des marins l'auraient transporté en Europe de l'Ouest dans les années 1860. Cette race de chat a déjà porté différents noms : Bleu d'Espagne, Chat de Malte ou Bleu d'Arkhangelsk.

À leurs débuts, lors des premières expositions félines en Grande-Bretagne, tous les chats bleus à poil court étaient présentés

Apparition : avant les années 1800

Origine : supposément le port russe d'Arkhangelsk

Ascendance : chats domestiques

Autres noms : Russe, Bleu de Russie, Bleu d'Arkhangelsk, Chat de Malte, Bleu d'Espagne

Couleurs : bleu (des noirs et des blancs ont été développés et acceptés au R.-U., mais pas aux É.-U. ni par la FIFe)

Longueur de robe : courte

Type de fourrure : pelage double avec sous-poil dense, la fourrure pelucheuse rappelle celle du phoque

Poids : 3 à 5,5 kg

BLEU RUSSE

189

dans une seule classe quel que soit leur type morphologique. Par conséquent, le Bleu Russe concourait dans le même groupe que le British Shorthair. Le type du British – bréviligne à tête ronde – remportait toujours les honneurs et l'intérêt porté à la race Russe, à l'ossature plus fine et à la tête plus étroite, diminua. En 1912, on établit deux classes distinctes pour le British Shorthair et pour le Bleu Russe, et l'intérêt pour ce dernier se manifesta de nouveau.

À l'instar de nombreuses races européennes, le Bleu Russe souffrit énormément durant la Seconde Guerre mondiale et frôla même l'extinction. Cependant, à la fin des années 1940 et au début des années 1950, des éleveurs scandinaves commencèrent à développer la race en croisant un chat bleu de Finlande et un Siamois porteur du gène de la dilution d, responsable de la coloration bleue. Simultanément, en Grande-Bretagne, des éleveurs de Bleu Russe effectuaient des croisements extérieurs avec des Siamois bleu point et produisaient des chats au type morphologique beaucoup plus longiligne. Plus récemment, les éleveurs se sont efforcés de recréer l'apparence originelle de la race en effectuant des croisements avec des British Shorthair (voir page 130) bleus.

Le Bleu Russe est demeuré de race pure durant des siècles car le gène responsable de la dilution de la couleur est récessif et il ne masque donc aucune autre couleur. Par conséquent, les nouveaux Russes noirs et Russes blancs sont controversés par de nombreux puristes et ces chats ne sont reconnus officiellement ni en Amérique du Nord ni par la FIFe. Le plus controversé de tous reste le Russe à pointes colorées, fruit des tout premiers croisements avec des Siamois.

Les caractéristiques les plus marquantes du Bleu Russe sont sa robe incroyablement serrée et lustrée et ses superbes yeux vert émeraude. La fourrure double, douce et dense, idéale pour isoler le corps des conditions glaciales d'un hiver russe, est unique au toucher. Dans le standard de la race, la robe est le critère le plus fondamental. La couleur bleue originelle est un bleu uniforme au reflet argenté conférant à la robe du Russe une apparence lumineuse. Bien des éleveurs affirment que moins on brosse cette robe, plus elle est éclatante. Le poil poussant droit, il ne faut pas trop le frotter au risque de l'aplatir. Si la robe est en bon état, cependant, elle devrait toujours se redresser quel que soit le brossage effectué! La couleur des yeux est quant à elle plus récente : les premiers Bleu Russe présentés à l'exposition du *Crystal Palace* à Londres en 1871 avaient les yeux jaunes et ce n'est qu'en 1933 que les standards de la race leur ont exigé d'être d'un vert aussi vif que possible.

Le Bleu Russe est un chat bien musclé mais sans avoir un corps trapu ou massif. Ses longues pattes lui confèrent une élégance qui trompe sur sa robustesse.

Sa tête, modérément cunéiforme, est plus longue que large, ses patons sont proéminents et ses oreilles grandes, pointues et bien espacées. Ses yeux sont grands, en amande et espacés. Le nez et les coussinets sont en harmonie avec la couleur de la robe et la queue effilée a le bout arrondi.

Doté d'une voix discrète et pas du tout ravageur, le Bleu Russe fait un animal de compagnie parfait. Quoiqu'il puisse être très brusque avec les étrangers, dans la plupart des cas, il les ignorera avec le plus grand dédain, réservant toute son affection à ses maîtres et à ses congénères.

191

Korat

Apparition : avant les années 1700
Origine : Thaïlande
Ascendance : chats de maison
Autres noms : Si-Sawat
Couleurs : bleu
Longueur de robe : courte
Type de fourrure : couchée et soyeuse, sans
    sous-poil
Poids : 2,5 à 5 kg

KORAT BLEU ARGENTÉ

De taille et de couleur semblables à celles du Bleu Russe (voir page 189), le Korat était connu dans sa Thaïlande natale sous le nom de Si-Sawat, qui signifie « bon augure ». Censé apporter la prospérité à ses propriétaires, il était souvent offert en cadeau de mariage et, dans les campagnes, on croit que le Korat « à la couleur de la tempête » possède un pouvoir contre les éléments : pour encourager la pluie à tomber, les paysans versaient de l'eau sur les chats. Au 19e siècle, le Si-Sawat a été rebaptisé Korat par le roi Rama V, du nom

d'un plateau montagneux lointain du nord-est du Siam (Thaïlande) d'où ils étaient apparemment originaires.

Dans le *Livre de poèmes sur le chat*, un manuscrit thaï datant de la période d'Ayuthia (1350-1767), ces chats musclés au corps cambré avaient un poil bleu argenté dont « la racine a la couleur des nuages et la pointe est comme de l'argent » et des yeux qui scintillent « comme des gouttes de rosée sur une feuille de lotus ».

Ce manuscrit prouve également qu'en plus d'avoir conservé une robe de texture et de couleur identiques, le Korat actuel

présente aussi la morphologie médioligne visible chez le Korat il y a des siècles. Sur ce point, ce chat fait figure d'exception puisque les autres races originaires de Thaïlande, également décrites dans ce manuscrit, ont toutes été transformées par les éleveurs occidentaux en chats aux apparences très éloignées de celles de leurs ancêtres.

Les premiers Korat sont parvenus en Grande-Bretagne à peu près en même temps que les Siamois, soit à la fin du 19e siècle. En 1896, un Korat a été inscrit dans la classe des Siamois lors d'une exposition féline en Angleterre, mais il a été disqualifié en raison de sa couleur. Certains ont dit que c'était un Siamois bleu point, d'autres qu'il s'agissait d'un Siamois bleu, et la race Korat n'a été enregistrée qu'en 1959 alors qu'un couple de ces chats a été rapporté de Bangkok aux États-Unis. Le couple a bientôt été rejoint par d'autres chats identiques et tout aussi magnifiques et, en 1965, un club a été créé pour promouvoir cette race. En 1969, toutes les associations importantes nord-américaines (australiennes et sud-africaines) avaient reconnu la race. Le Korat est parvenu en Europe plus tard, en 1972, alors qu'il a été exporté des États-Unis vers la Grande-Bretagne. Au départ, les connaisseurs s'y sont opposés prétextant que le Korat n'était guère

différent des autres chats à poil court bleu, mais la race a été reconnue en 1975 au Royaume-Uni.

Le Korat n'en demeure pas moins rare, même dans sa Thaïlande natale, car les clubs de Korat insistent pour préserver cette race naturelle et les croisements extérieurs avec d'autres races sont donc interdits. Tous les Korat devraient posséder une généalogie qui les fait remonter jusqu'aux chats de Thaïlande originels décrits dans la littérature et l'art anciens de ce pays.

Les Korat possèdent une jolie tête en forme de cœur et de très grands yeux ronds, vert péridot, qui leur donnent une expression innocente dissimulant bien le fait qu'ils sont au contraire arrogants, exigeants, têtus et bien décidés à ce que les choses se passent comme ils l'entendent. Les pieds sont ovales et compacts et les coussinets bleu foncé. En raison de son origine tropicale, le Korat est dénué de sous-poil et on doit donc le protéger des rigueurs de l'hiver. Dans de rares cas, ce chat peut souffrir de troubles neuromusculaires appelés GM1 et GM2 (gangliosidose), dont la présence se confirme par des analyses de sang.

Singapura

Le Singapura est la plus petite race de chat au monde – il ne pèse en moyenne que 2,7 kg – et c'est aussi l'une des races les plus récentes. Le nom Singapura est le nom malais de la ville de Singapour. Les premiers chats de Singapour étaient des chats harets nocturnes qui vivaient principalement dans les égouts ou aux environs, où ils cherchaient de la nourriture la nuit, ce qui leur a valu le surnom de « chat des égouts ».

Apparition : 1975
Origine : Singapour et États-Unis
Ascendance : controversée
Autres noms : parfois appelé Singapour
Couleurs :
    Tabby tiqueté : sépia agouti
Longueur de robe : courte
Type de fourrure : lustrée
Poids : 2 à 4 kg

SINGAPURA TIQUETÉ BRUN

En 1975, deux éleveurs américains, Hal et Tommy Meadows, ont rapporté des chats de Singapour aux États-Unis pour y lancer un programme d'élevage. Tous les chats enregistrés aujourd'hui en tant que Singapura trouvent leurs origines dans le programme d'élevage des Meadows. Le Singapura a été admis en championnat en 1998, mais ni la FIFe ni le GCCF ne le reconnaissent car des doutes subsistent quant aux origines de la race. En effet, les Meadows étaient aussi des éleveurs importants de Burmese et d'Abyssins et d'aucuns affirment que ces éleveurs ont eu recours à ces deux races dans leur programme d'élevage du Singapura. Les chats harets auraient ainsi servi d'« inspiration » pour la race, mais ils n'en seraient pas les fondateurs génétiques. Cette opinion repose sur le fait que la seule couleur de Singapura produite est sépia agouti, un tabby tiqueté particulier dans lequel chaque poil possède deux bandes de tiquetage minimum. Génétiquement parlant, il s'agit d'un tabby tiqueté zibeline, qui est le produit de la combinaison d'un allèle burmese (voir page 47) et d'un patron agouti (tabby), connu d'abord chez l'Abyssin (voir page 155).

Si le Singapura tient sa couleur et son patron des gènes du Burmese ou de l'Abyssin, sa taille et son tempérament calme et réservé sont des caractéristiques de ses ancêtres harets méfiants qui attiraient peu l'attention et ont évolué en une taille leur permettant de survivre avec une alimentation très restreinte.

Le tout petit corps du Singapura repose sur des pattes fortes sans être massives. Les pieds sont petits et ovales, et pourvus de coussinets bruns et de touffes de poils foncés entre les doigts. La tête de forme arrondie présente un nez droit et un museau assez large, un peu pointu. Les larges oreilles ont une forme de coupe marquée et elles sont un peu orientées vers l'extérieur, donnant l'impression que le chat est toujours à l'écoute de ce qui l'entoure. Les yeux en

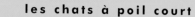

amande sont noisette, verts ou jaunes et joliment cernés de noir. À partir du coin intérieur de l'œil et jusqu'au paton, une ligne noire est visible, surtout chez les jeunes chatons.

Le Singapura est une race extrêmement rare, même aux États-Unis où il a été développé, et on ne compte à ce jour que 2000 Singapura, ce qui en fait l'une des races les plus coûteuses.

SINGAPURA TABBY TIQUETÉ BRUN

Tonkinois

Apparition : années 1960

Origine : États-Unis et Canada

Ascendance : Burmese et Siamois

Autres noms : déjà connu sous le nom de
Siamois doré

Couleurs :

Vison uni et vison écaille : brun (naturel),
chocolat (miel), bleu, lilas (champagne), roux,
crème, écaille brun, écaille chocolat, bleu crème
et lilas crème

Tabby (tous les patrons) : mêmes couleurs
qu'uni et écaille

Longueur de robe : mi-longue

Type de fourrure : douce, serrée et près du corps,
dotée d'un éclat naturel, souvent comparée au
pelage du vison

Poids : 2,5 à 5,5 kg

Le mot Tonkinois est une appellation nouvelle pour baptiser une race ancienne, le « Chat cuivré » du Siam (Thaïlande). Ces chats brun cuivré étaient connus sous le nom de Supalak ou Thong Daeng et ils ont été dépeints dans le *Livre de poèmes sur le chat* fait par des artistes et des poètes dans l'ancienne capitale, Ayuthia, entre 1350 et 1767. Le Supalak est désormais considéré comme l'ancêtre du Burmese (voir page 170) et du Brun de Havane (voir page 185) et le Tonkinois est lui-même un croisement entre le Burmese et le Siamois.

TONKINOIS ABRICOT POINT

TONKINOIS BLEU

Le premier Tonkinois connu en Occident est la chatte Wong Mau, femelle fondatrice de la race Burmese Américain (voir page 170), importée de Rangoun dans les années 1930. Les caractéristiques hybrides naturelles de Wong Mau ont été reproduites à partir de sa progéniture et ce n'est que dans les années 1950 que des éleveurs ont commencé à tenter de recréer le mélange par le biais de programmes d'élevage. Le Tonkinois contemporain est la première race de chats à s'être développée au Canada, dans les années 1960. Malgré son arrivée récente, le Tonkinois se classe déjà parmi les races les plus populaires.

CHATON TONKINOIS ROUX

Le Tonkinois est porteur d'un gène siamois c^s et d'un gène burmese c^b et ses caractéristiques physiques illustrent un mélange réussi des races de ses deux parents — moins angulaire et svelte que le Siamois, mais fort et plutôt massif comme le Burmese — assorti d'une personnalité vive et affectueuse typique de toutes les races orientales.

Un croisement entre Siamois et Burmese n'engendre que des chatons Tonkinois, mais un mariage entre Tonkinois produit en moyenne deux chatons Tonkinois et deux autres chatons, un de la couleur du Burmese et un de la couleur du Siamois.

Le Tonkinois a d'abord été reconnu par l'Association féline canadienne et il a été admis en championnat en 1984. Il n'est pas surprenant que peu de temps après,

TONKINOIS LILAS CRÈME

TONKINOIS ÉCAILLE BRUN

ces chats splendides et amicaux aient été reconnus par les principaux livres des origines. On remarque cependant une énorme disparité sur le plan des couleurs acceptées et même des noms donnés aux couleurs.

Le brun (naturel aux É.-U.) consiste en un brun clair, à mi-chemin entre le zibeline du Burmese et le seal du Siamois, avec des pointes seal plus foncées se fondant graduellement dans la coloration du corps, et des yeux bleu-vert. Le lilas (champagne aux É.-U.) est un gris perle pâle teinté de rose, avec des pointes de la même couleur en plus foncé. Chez le lilas, la couleur des yeux va du bleu clair au vert, mais les standards refusent toute trace de jaune. Chez

TONKINOIS VISON LILAS

TONKINOIS ÉCAILLE BRUN

tous les Tonkinois, le bord supérieur de l'œil est ovale et le bord inférieur arrondi.

Les Tonkinois roux et crème peuvent présenter des marques tabby – toujours difficiles à éliminer dans ces couleurs, peu importe la race – mais ces couleurs ne sont pas reconnues partout. Chez les Tonkinois écaille et tabby, la coloration des pointes est beaucoup moins apparente car elle est couverte par les motifs de la robe, mais le masque et les pattes doivent toujours être plus foncés que le corps. Les variétés de Tonkinois sont appelées « vison » parce que le pelage de ce chat est très doux et dense et qu'il arbore un éclat exceptionnel. Cette robe peut mettre deux ans pour se développer complètement.

TONKINOIS VISON CHAMPAGNE

Oriental à poil court

Apparition : années 1950

Origine : Grande-Bretagne

Ascendance : Siamois, Korat, Persan, Shorthair

Autres noms : Oriental, Oriental Shorthair

Couleurs :

Unies et écaille : noir, chocolat, cannelle, roux, bleu, lilas, faon, crème, caramel, abricot, blanc, écaille de tortue, écaille chocolat, écaille cannelle, bleu crème, lilas crème, écaille faon et écaille caramel

Fumé, ombré et tipped : couleurs identiques aux unies et écaille, sauf blanc

Tabby (tous les patrons) et tabby argenté (tous les patrons) : couleurs identiques aux unies et écaille

Longueur de robe : courte

Type de fourrure : près du corps, fine et très luisante

Poids : 4 à 6,5 kg

ORIENTAL À POIL COURT BLEU

ORIENTAL À POIL COURT NOIR

Contrairement à ce que leur nom suggère, les Orientaux à poil court ne proviennent pas nécessairement d'Orient. Ce terme qualifie les races au physique plus svelte, à la tête pointue et aux yeux bridés. En d'autres mots, ces chats sont des Siamois mais sans marques colourpoint. Dans l'ancien *Livre de poèmes sur le chat* du Siam, étaient décrits les ancêtres des races contemporaines, de couleur brun ou bleu, ainsi que noir, blanc, bicolore noir et blanc, et argenté ombré. Encore de nos jours, en Thaïlande, dans la région de Bangkok, on estime que seulement 20 % des chats « Siamois » sont pointés et que tous les autres sont unicolores ou unicolores avec blanc.

ORIENTAL À POIL COURT ÉCAILLE CHOCOLAT

À la suite de la décision du *Siamese Cat Club* britannique de n'élever que les Siamois pointés aux yeux bleus, les chats unicolores aux yeux jaunes ou verts ont été exclus des classes de Siamois aux expositions et le destin de ces chats a pris une nouvelle tournure.

Le terme Oriental à poil court englobe tous les chats de type morphologique oriental qui ne sont pas pointés. Sur le plan technique, qu'ils soient unicolores, bicolores, écaille, tabby, tipped, fumés ou ombrés, ces chats ne forment qu'une seule race et ils présentent tous une morphologie fine et souple, une queue longue et expressive et une tête étroite et cunéiforme. En Grande-Bretagne, ces chats ont déjà porté l'appellation de Foreign Shorthair.

ORIENTAL À POIL COURT CANNELLE

205

**ORIENTAL À POIL COURT TABBY
MARBRÉ CARAMEL**

Après l'exclusion de tous les chats, hormis les Siamois pointés aux yeux bleus, de la classe d'exposition, l'intérêt pour la race a dans l'ensemble baissé, sauf pour les chats tout noirs ou tout bleus de type morphologique similaire qui étaient élevés en Allemagne jusqu'au déclenchement de la

ORIENTAL À POIL COURT FUMÉ ÉCAILLE

ORRIENTAL À POIL COURT BLANC

Seconde Guerre mondiale. Après la guerre,
un programme d'élevage a été mis sur pied
en Grande-Bretagne dans l'intention de
produire des chats de morphologie orientale tout bruns. Un réel progrès s'est produit
en 1962 quand un programme échelonné
sur dix ans a permis l'élaboration d'une
race d'Orientaux blancs purs aux yeux
bleus. Ces chats blancs avaient une apparence et un caractère totalement différents
des chats blancs des autres races et ils
n'étaient pas atteints de surdité, associée

ORRIENTAL À POIL COURT TACHETÉ ARGENTÉ ABRICOT

**ORIENTAL À POIL COURT TACHETÉ
ARGENTÉ CHOCOLAT**

normalement à cette couleur. Chez cette variété, les yeux doivent être bleus dans certains pays alors que dans d'autres, le vert est également autorisé.

Étant donné que la robe blanche de la race est dominante et masque tout gène d'une autre couleur sous-jacente et que pour fixer les yeux bleus et le type morphologique de l'Oriental, il a fallu avoir recours

ORIENTAL À POIL COURT ROUX

à des croisements extérieurs avec des Siamois pointés, certains chatons nés dans les premières portées d'Orientaux blancs n'étaient pas blancs. Certains avaient les pointes colorées tout en ayant le corps également coloré et les tout premiers étaient roux uni, noir uni ou tabby tacheté.

On remarqua aussi un chaton apparemment de type oriental mais d'un superbe brun châtaigne (appelé chocolat,

ORIENTAL À POIL COURT CANNELLE

ORIENTAL À POIL COURT LILAS

209

« havana » en Grande-Bretagne et « chest-nut brown » aux États-Unis). En mariant ce chat brun châtaigne avec un Siamois lilas point, on a réussi à produire des chats du même brun intense et d'autres lilas.

D'autres couleurs n'ont pas tardé à suivre : de splendides Orientaux noirs de jais, de l'extrémité à la racine du poil, autour des yeux et sur les coussinets. Il existe aussi des bruns pâles, comme cannelle et caramel. Le premier est un brun clair décrit plus justement par chocolat au lait, alors que le second est dépeint par le terme aussi délicieux de café au lait. Il apparaît constamment de nouveaux patrons et couleurs, tous plus magnifiques les uns que les autres, si bien qu'on en dénombre actuellement plus de 50 officiellement reconnus.

ORIENTAL À POIL COURT ARGENTÉ OMBRÉ CARAMEL

Mau Égyptien

Le patron tabby tacheté se retrouve chez un grand nombre de races, mais l'une d'elles seulement peut revendiquer d'être une race tachetée naturelle plutôt qu'une invention délibérée des éleveurs modernes. Le Mau Égyptien est une race qui ressemble beaucoup à ces ancêtres lointains, qui sont aussi de fait les ancêtres communs à tous les chats domestiques. Dans l'art de l'Égypte ancienne, on remarque de nombreuses illustrations de chats arborant la couleur et le patron de robe des tabby tachetés. Mau signifie tout simplement « chat ».

Apparition : années 1950
Origine : Égypte et Italie
Ascendance : chats de rue égyptiens, chats domestiques italiens
Autres noms : aucun
Couleurs :
    Unies : noir, existe parfois
    Tabby (tacheté) : bronze
    Tabby argenté (tacheté) : argenté
    Fumé : noir
Longueur de robe : courte
Type de fourrure : douce et dense
Poids : 2,5 à 5 kg

MAU ÉGYPTIEN BRONZE

MAU ÉGYPTIEN ARGENTÉ

Le Mau Égyptien a été introduit aux États-Unis dans les années 1950 par une émigrée russe, Nathalie Troubetskoy qui, lors d'un séjour au Caire, en Égypte, avait été fascinée par les taches présentes sur le pelage des chats errants de la ville. Troubetskoy a ramené une femelle tachetée argentée en Italie où elle l'a accouplée à un matou local tacheté fumé. L'union a engendré des chatons tachetés bronze. En 1953, le premier couple de Mau Égyptien est parvenu aux États-Unis, mais il a fallu attendre 15 ans avant que la première association féline, la CFF, reconnaisse officiellement le Mau.

Le Mau est un chat svelte, de taille moyenne et bien musclé. N'étant de type ni bréviligne ni oriental, sa tête n'est ni ronde ni cunéiforme et son nez a la même largeur de son bout jusqu'aux sourcils. La marque du scarabée, soit le « M » associé à toute une série de taches dont le dessin rappelle vaguement ce coléoptère, est bien visible sur le front. Les très grands yeux verts sont amplifiés par des lignes de mascara sur les joues. L'élément le plus frappant chez ce chat reste les taches présentes sur l'épine dorsale qui sont bien symétriques puis se fondent à la base de la queue où elles se changent en anneaux. Les pattes aussi sont annelées.

Les couleurs reconnues chez cette race sont argenté – appelé « pewter » (étain) aux États-Unis – (taches noires sur fond agouti argenté), bronze (taches chocolat sur fond agouti bronze) et fumé (taches noires sur gris, avec sous-poil argenté). Le Mau fumé est différent des chats fumés des autres races car au lieu d'être uni sans marques tabby, il est au contraire clairement tabby. Le sous-poil blanc argenté paraît juste assez pour procurer un contraste mais sans plus. Pour toutes les couleurs, des yeux vert groseille à maquereau sont préférables.

Bien qu'il arbore un air soucieux – surtout à cause de ses grands yeux ronds et aussi de sa tendance à se parler à lui-même au moyen de « gloussements » mélodieux – le Mau Égyptien est un chat très amical mais qui peut parfois être désagréablement distant.

MAU ÉGYPTIEN TABBY ARGENTÉ

213

Ocicat

Apparition : 1964

Origine : États-Unis

Ascendance : Siamois, Abyssin, American Shorthair

Autres noms : Oci

Couleurs :

Tabby tacheté : brun (tawny), chocolat, cannelle, bleu, lilas et faon

Tabby argenté (tacheté) : identiques au tabby tacheté

Fumé : identiques aux tabby

Longueur de robe : courte

Type de fourrure : douce, fine et lustrée

Poids : 2,5 à 7 kg

OCICAT ARGENTÉ

Race relativement nouvelle, l'Ocicat est le résultat d'un accouplement fortuit entre un Siamois chocolat point et une femelle hybride de Siamois seal point et d'Abyssin. La progéniture, née en 1964 dans le Michigan, avait le look Abyssin. Cependant, quand on a marié l'un de ces chatons à un Siamois, la portée comportait des hybrides de Siamois pointés et d'Abyssin et un chaton tacheté, baptisé Tonga. Le nom Ocicat est une contraction de ocelot, un chat sauvage d'Amérique, et de *cat* (chat). Tonga a été castré et il est devenu un animal de compagnie adorable, mais sa propriétaire, Virginia Daly, a poursuivi la reproduction et a produit Dalai Talua, la femelle fondatrice de la race. Tom Brown a aussi participé à l'élaboration de cette race par l'apport d'American Shorthair. En 1966, l'Ocicat était reconnu officiellement par la TICA.

OCICAT BRUN

215

OCICAT CHOCOLAT

Ce chat assez grand, de constitution solide et musclée, pèse en moyenne 6 kg une fois adulte (les mâles sont beaucoup plus gros que les femelles). Le plus remarquable chez l'Ocicat, c'est le patron de sa robe, riche et « sauvage », composé de taches typiques, dont la disposition doit être identique à celle d'un patron tabby classique. À l'origine, ces taches étaient brun châtaigne sur fond crème ou bien chocolat clair sur fond crème, les deux colorations assorties d'yeux jaune doré. Plus récemment, toutefois, on a développé des Ocicat argentés, ce gène provenant des croisements extérieurs avec des American Shorthair effectués au cours du développement de la race. Toutes les couleurs argentées présentent un fond blanc rendant plus visible encore les marques superbes de la robe.

La tête cunéiforme associée à un museau large donne une face pointue, rehaussée par de grands yeux en amande et légèrement bridés. À l'image du Mau Égyptien (voir page 211), les yeux de l'Ocicat qui, selon les standards de la race ne doivent jamais être bleus, sont mis en valeur par un cerne noir, des lunettes et des lignes de mascara sur les tempes et les joues. La queue est longue et fine et, comme les pattes, annelée. C'est au bout de la queue que le marquage est le plus prononcé. Bien que les standards de la race réclament une allure « sauvage », l'Ocicat est un chat gracieux, joueur, très sociable et il est doté d'une nature aussi douce qu'il est possible d'en rêver.

OCICAT CHOCOLAT ARGENTÉ

217

Bengale

Apparition : 1983

Origine : États-Unis

Ascendance : chat-léopard d'Asie, Mau Égyptien,
chats de rue et de maison indiens

Autres noms : déjà appelé Léopardette

Couleurs :
Tabby (tacheté et marbré)) : brun, bleu et
blanc (snow)

Longueur de robe : mi-courte

Type de fourrure : douce et dense

Poids : 5,5 à 10 kg

**BENGALE BRUN À
TACHES NOIRES**

Race encore rare, le Bengale allie les superbes couleurs et marques sauvages du chat-léopard d'Asie et la nature fiable d'un chat domestique. Le chat-léopard d'Asie est un petit chat sauvage qui ne pèse que 4,5 kg, vivant dans les forêts de l'Asie méridionale. Dans les années 1960, ce félin étant menacé d'extinction, Jean Sugden (plus tard Mill) de Californie a décidé de tenter de préserver la race en l'accouplant avec des chats domestiques. À l'Université de Californie, le Dr Willard Centerwall poursuivit le programme d'élevage tout en faisant des recherches sur l'immunité naturelle du chat-léopard d'Asie face à la leucémie féline. C'est à partir de là que s'est développé le magnifique Bengale. Le Dr Centerwall a offert huit de ses hybrides à Jean Mill et le premier Bengale a été enregistré en 1983.

Alors que les premiers croisements avec des chats sans pedigree introduisaient des gènes de la dilution et du poil long « indésirables », des croisements subséquents

BENGALE BRUN MARBRÉ

BENGALE SNOW TACHETÉ

avec des chats de rue indiens et des Mau
Égyptiens ont introduit les gènes du marquage, du patron siamois et des yeux bleus
qui ont produit les très belles teintes blanches
(snow ou « léopard des neiges »). Normalement, les livres des origines sont contrôlés
justement pour éviter certaines manifesta-
tions accidentelles. Dans le cas du Bengale
au contraire, les éleveurs ont été ravis de la
survenue de lignées pointées issues des
chats sans pedigree, qui ont permis d'obtenir des couleurs vraiment magnifiques dans
lesquelles la robe semble avoir été saupou-
drée de nacre.

BENGALE SEAL MINK MARBRÉ

La première robe fixée chez cette race a été le brun tacheté et, dans ce patron, le Bengale ressemble vraiment beaucoup au chat-léopard d'Asie. Même l'ocelle (tache ronde) clair sur le revers de l'oreille est très prononcé. Les marques de la robe sont

BENGALE SNOW TACHETÉ

221

BENGALE SNOW MARBRÉ AUX YEUX BLEU

brun foncé ou noires. Les taches doivent être grandes, réparties au hasard et elles doivent former des rosettes. Elles ne doivent pas ressembler aux rayures verticales d'un tabby tigré, qui composent le patron sous-jacent de la plupart des tabby tachetés. Dans le patron marbré, la robe ne doit pas présenter le motif tabby classique circulaire mais plutôt des marbrures horizontales. Seuls les Bengale marbrés peuvent arborer trois teintes : la couleur de base, les marques foncées et le contour plus foncé des taches.

Comme on peut s'y attendre d'une race issue d'un petit léopard, le Bengale est un chat très fort à la poitrine large, aux pieds gros et ronds terminant des pattes fortes, et au cou musclé. La petite tête cunéiforme aux coins arrondis est pourvue d'un nez court de couleur terre cuite et souligné de noir. Les oreilles sont courtes, larges à leur base et pointues à leur bout. Les yeux sont grands, ovales, verts et placés légèrement en oblique. À l'image de ses ancêtres sauvages, le Bengale est un excellent chasseur tout en étant également très à l'aise dans son rôle d'animal de compagnie. Lorsque d'aucuns affirment que le Bengale a gardé un fond sauvage et qu'il est d'un tempérament changeant, d'autres s'empresseront de répliquer que tel peut être le cas de tous les chats, peu importe leur race.

BENGALE À TACHES NOIRES

223

Manx

Apparition : avant les années 1700

Origine : Île de Man, Royaume-Uni

Ascendance : chats de maison

Autres noms : Chat de l'île de Man

Couleurs : la plupart des couleurs reconnues sont admises (voir aussi British Shorthair, page 130)

Longueur de robe : courte, fourrure double avec sous-poil serré et poil de jarre un peu plus long

Type de fourrure : rêche mais lustrée

Poids : 3,5 à 5,5 kg

De nombreux récits pittoresques mettent en scène les fameux chats anoures de l'île de Man, située entre l'Irlande et l'Angleterre. L'un d'eux prétend qu'ils auraient été les derniers à embarquer dans l'arche et que Noé aurait accidentellement refermé la porte sur leur queue! Un autre affirme que les envahisseurs irlandais se servaient de leur queue comme panache sur leur

MANX TABBY ROUX

casque de guerre et que les femelles auraient mordu la queue de leurs chatons pour qu'on ne puisse pas les leur prendre. Un autre encore raconte que le Manx est arrivé à bord des navires des Phéniciens il y a 1000 ans, en provenance du Japon où il existe encore des chats anoures. Un autre enfin prétend qu'ils auraient nagé jusqu'au rivage après le naufrage des bateaux de l'Armada espagnole.

En réalité, l'isolement de l'île a permis à un gène dominant incomplet de se fixer. On pense que la mutation initiale s'est produite il y a 400 ans. Des mutations spontanées, comme l'absence de queue, surviennent de temps en temps dans toutes les populations félines mais, chez les populations nombreuses, la mutation disparaît. Chez les groupes isolés, comme le Manx et le Bobtail Japonais, de telles mutations subsistent. Bien qu'il n'ait pas de queue, le Manx a le sens de l'équilibre et c'est même un bon grimpeur... quand il le veut.

Les Manx sont assez rares car les portées sont petites – fréquemment, il ne naît que deux chatons –, ce qui est également la conséquence du gène manx. Un Manx homozygote – héritant de deux gènes manx, un de chacun de ses parents – meurt le plus souvent dans l'utérus à un stade pré-coce du développement. Le Manx présenté actuellement dans les expositions félines est hétérozygote : porteur d'un gène anoure et d'un gène de la queue normale. Même parmi ces chats, on remarque un taux plus élevé de chats mort-nés et de morts prématurées que chez la plupart des autres races parce que le gène manx peut causer des malformations à des parties du corps autres que la queue. Le spina-bifida est assez courant et il se produit souvent une soudure des os de la partie inférieure de la colonne vertébrale.

Un chat hétérozygote ne peut jamais engendrer des chatons de race pure uniquement et, par conséquent, une portée de Manx risque de comporter un certain nombre de chats à queue normale. Les chatons Manx sont pourvus d'une queue de longueur variable que, par souci de clarté, on a classés en quatre groupes :

Le « rumpy » est le vrai Manx de concours, totalement dépourvu de queue, et qui présente un creux à la base de la colonne vertébrale. Le « rumpy riser » possède quelques vertèbres caudales formant une queue en forme de pompon. Le « stumpy » possède un moignon de queue qu'il peut normalement bouger et qui présente un nœud. Le « longy » est pourvu

MANX TABBY BRUN

d'une queue presque normale, quoique tronquée, qui le rend un peu difficile à différencier d'un chat à la queue normale. Toutefois, tous ces chats sont des Manx puisque les éleveurs accouplent normalement des Manx avec des chats à la queue normale de souche Manx plutôt qu'avec des British ou des American Shorthair.

Même si l'absence de queue constitue la caractéristique principale du Manx, il est également pourvu de pattes postérieures beaucoup plus longues que ses antérieures, ce qui lui donne la démarche sautillante d'un lapin, en rien semblable au mouvement souple et sinueux des autres chats. À leur allure déjà tout en rondeur, s'ajoutent encore une tête ronde, des joues pleines et une fourrure double sur laquelle on distingue clairement le sous-poil duveteux et doux et le poil de jarre plus brillant mais aussi plus rêche. Seul le « rumpy » peut participer aux expositions, mais le « rumpy-riser », le « stumpy » et le « longy » font tous d'excellents compagnons à la personnalité adorable.

American Bobtail

Jusqu'à tout récemment, il n'existait que peu de races de chats anoures ou à queue écourtée. Et pourtant, le Manx (voir page 224) et le Bobtail Japonais existent depuis des siècles. Dernièrement, le Kurilian Bobtail, originaire des îles Kouriles, situées entre la Russie et l'île japonaise d'Hokkaido, est apparu en tant que nouvelle race, même s'il est le produit d'un gène récessif qui se serait exprimé il y a environ 200 ans.

Les origines de l'American Bobtail restent obscures : le Bobcat, l'un des chats sauvages indigènes d'Amérique du Nord,

Apparition : années 1960

Origine : États-Unis

Ascendance : incertaine

Autres noms : Bobtail Américain

Couleurs : Tous les patrons et couleurs, y compris sépia, pointé et vison

Longueur de robe : courte, quoique suffisamment longue pour être éloignée du corps

Type de fourrure : d'apparence un peu hirsute, mais ne s'emmêle pas facilement

Poids : 3 à 7 kg

**AMERICAN BOBTAIL
BLEU LYNX POINT**

AMERICAN BOBTAIL À POIL LONG TABBY TACHETÉ CHOCOLAT

est le seul félin anoure vivant sur le continent, mais son lien de parenté avec l'American Bobtail n'a pas été confirmé. Les gènes du Manx (voir page 224) et du Bobtail Japonais pourraient aussi avoir un rôle à jouer puisque ces deux races étaient populaires auprès des éleveurs aux États-Unis. Le Manx apparaît dans les premiers livres des origines américains; le Bobtail Japonais a été présenté pour la première fois aux États-Unis en 1963 et les premiers chats destinés à la reproduction y sont arrivés en 1968.

On ne peut faire remonter les origines de l'American Bobtail qu'à un chaton de gouttière tabby à queue écourtée, trouvé sur une réserve amérindienne de l'Arizona et ramené en Iowa au début des années 1960. Le premier élevage avait pour but de produire des chats à queue écourtée à patron identique au Snowshoe (voir page 152), mais les chats étaient en mauvaise santé. On a donc réintroduit des couleurs et des patrons pour renforcer la santé de la race, reconnue par la TICA en 1989.

L'American Bobtail peut être à poil long ou court, mais en raison du caractère récessif du gène du poil long, on rencontre encore moins de chats à poil long chez cette race déjà rare. Chez la variété à poil court, le poil est suffisamment long pour s'éloigner du corps et donner au chat une allure hirsute, un peu sauvage. Assez musclé, l'American Bobtail est un chat médio-ligne aux pattes grandes et lourdes et aux pieds arrondis. Contrairement au Manx « rumpy », l'American Bobtail doit avoir une queue, qui doit s'arrê-ter brusquement juste au-dessus du jarret.

AMERICAN BOBTAIL SEAL LYNX POINT

Pixie-Bob

Apparition : années 1980

Origine : États-Unis

Ascendance : chats domestiques, peut-être le
Bobcat nord-américain

Autres noms : aucun

Couleurs :
Tabby (tacheté et rosettes) : brun

Longueur de robe : courte, quoique suffisamment
longue pour paraître hirsute

Type de fourrure : épaisse et dense

Poids : 4 à 8 kg

Au cours des 20 dernières années, les éleveurs ont montré un intérêt grandissant pour l'élaboration de nouvelles races de chats par le biais d'unions entre des chats domestiques et des espèces de chats sauvages. Dans la majorité des cas, la progéniture hérite du tempérament sauvage de ses ancêtres mais, dans certains cas, les éleveurs ont réalisé des croisements heureux comme celui effectué avec un Chat de

PIXIE-BOB TABBY TACHETÉ BRUN

PIXIE-BOB TABBY
TIQUETÉ BRUN

Geoffroy (*Felis geoffroyi*), un ocelot des pla-teaux d'Amérique du Sud. Présent de la Bolivie à la Patagonie, ce félin est gris avec des petites taches noires et il pèse de 2 à 3 kg. Accouplé à un chat domestique, il engendre un chat apprivoisé arborant la robe magnifique et joliment tachetée du chat sauvage. De tels croisements avec des chats sauvages permettent l'introduction de patrons de robe jamais vus chez les chats domestiques, tels que la rosette – une tache encerclée – typique de l'ocelot.

Pendant un certain temps, les éleveurs nord-américains ont cherché à produire un chat qui ressemblait au Bobcat (lynx nord-américain). On a déjà constaté des unions spontanées entre chats sauvages et chats domestiques, et le Pixie-Bob pourrait trouver son origine dans une rencontre de ce type. Toutefois, les profils d'ADN devront fournir suffisamment de données pour confirmer cette origine. En réalité, les éleveurs ont acquis la plupart de ces chatons chez des fermiers qui les auraient autrement suppri-més. En 1985, Carol Ann Brewer a acquis deux de ces chats, fruits d'une union Bobcat et chat domestique dans l'État de Washington, le territoire de prédilection du

Bobcat. La poursuite de la reproduction a engendré Pixie, le chat fondateur de la race. Bien qu'il ne soit pas connu en dehors des États-Unis, le Pixie-Bob a été « autorisé » par la TICA en 1995.

Malgré son aspect très sauvage, le Pixie-Bob aurait le tempérament d'un chien fidèle. Il s'attache beaucoup à ses maîtres et à son foyer et n'accepte pas aisément de changer ni des uns ni de l'autre en plus de préférer en général être le seul chat de la maison. Son look sauvage est encore amplifié par ses grands yeux ronds et des marques faciales très prononcées : lignes de mascara sur les joues et lunettes autour des yeux. L'apparence sauvage du Pixie-Bob est néanmoins atténuée par la touche blanc crème de ses lèvres et de son menton.

PIXIE-BOB TABBY TACHETÉ BRUN

Cornish Rex

Diverses races de Rex à la robe courte et frisée sont apparues à la suite de mutations spontanées. Elles sont survenues en Grande-Bretagne, en Allemagne et aux États-Unis. Chez les Rex, le degré de frisure varie selon la race : ondulations du Cornish, frisure du Devon et boucles du bien nommé LaPerm, une race américaine développée dans l'Oregon en 1982, qui donne vraiment l'impression que le chat a eu droit à une minivague! Bien que d'apparence semblable, ces chats Rex sont tous de race distincte : l'union d'un Devon avec un Cornish produirait des chatons au pelage droit,

Apparition : années 1950

Origine : Cornouailles, Grande-Bretagne

Ascendance : chats de ferme

Autres noms : Rex de Cornouailles

Couleurs : tous patrons et couleurs, y compris sépia et vison

Longueur de robe : très courte

Type de fourrure : sans poil de jarre; la robe est courte, pelucheuse et ondulée

Poids : 2,5 à 4,5 kg

**CORNISH REX TABBY
TIGRÉ BRUN**

CORNISH REX FUMÉ NOIR

quoique de texture différente de celui d'un chat « normal ».

En 1950, un chaton mâle à la robe frisée, baptisé Kallibunker, est né dans une ferme

CORNISH REX BLEU ET BLANC

de Cornouailles, en Angleterre. La maîtresse de Kallibunker, Nina Ennismore, a reconnu dans ce pelage frisé la mutation rex déjà survenue chez les lapins. En croisant Kallibunker en retour avec sa mère, elle a produit d'autres chatons Rex, ce qui prouvait que le gène rex était récessif. En 1957, deux des descendants de Kallibunker ont été envoyés aux États-Unis afin d'y fonder la race. Aux États-Unis, des hybrides de Rex et d'Orientaux à poil court ou de Siamois ont été baptisés Si-Rex tandis que les autres descendants de Kallibunker étaient

CORNISH REX BLEU CRÈME

pelage cranté. En l'absence de sous-poil (voir page 42), la robe est courte, douce et pelucheuse. Les ondulations sont le plus visibles sur le dos légèrement arqué et sur la croupe. Les chats Rex ayant un pelage plus fin que les autres races à poil court, ils sont très sensibles aux écarts de température et il faut toujours les garder au chaud.

croisés avec des British Shorthair et des Burmese en Grande-Bretagne.

Le Cornish Rex d'élevage britannique présente un type morphologique oriental modéré (voir page 41), une tête cunéiforme et un nez romain. Les oreilles assez grandes et en forme de coupe sont placées haut sur la tête. Le corps bien musclé, de taille petite à moyenne, est porté haut par des pattes longues et très minces, les postérieures un peu plus longues que les antérieures. Ce chat est connu pour ses sauts et il adore sauter des épaules de son maître sur les meubles, et vice-versa. Le Cornish Rex britannique est un peu moins élégant que son homologue américain qui ressemble davantage à un lévrier.

En revanche, ce que tous les Cornish Rex ont en commun, c'est leur incroyable

CORNISH REX FUMÉ CRÈME

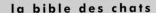

Devon Rex

Apparition : 1960

Origine : Devon, Grande-Bretagne

Ascendance : chats harets et de maison

Autres noms : Rex du Devon

Couleurs : tous patrons et couleurs, y compris
pointés

Longueur de robe : très courte

Type de fourrure : Bien que le Devon Rex possède
les trois types de poils, ceux-ci sont très déformés, ce qui rend la robe frisée.

Poids : 2,5 à 4 kg

DEVON REX FUMÉ CRÈME

En 1960, aux abords d'une mine désaffectée située dans le Devon, en Angleterre, Beryl Cox a trouvé un chat haret à pelage frisé. Une chatte errante écaille et blanc s'est accouplée à ce chat et, dans leur portée, il y avait un chaton fumé noir à pelage frisé, qu'on a baptisé Kirlee. Les parents de Kirlee étaient forcément apparentés puisque le gène du pelage frisé est récessif.

**DEVON REX ÉCAILLE CHOCOLAT
À POINTES ARGENTÉES**

**DEVON REX TABBY ARGENTÉ CHOCOLAT
À POINTES FONCÉES**

DEVON REX FUMÉ NOIR ET BLANC

Consciente du succès remporté par le Cornish Rex apparu dix ans auparavant, Beryl Cox eut l'idée de croiser Kirlee avec la lignée Cornish. À sa grande surprise, malgré plusieurs unions, aucun chaton frisé ne naquit. On comprit alors que malgré leur ressemblance, les deux chats Rex étaient porteurs de mutations n'ayant aucun rapport entre elles et qu'ils devaient faire l'objet de deux programmes d'élevage distincts.

DEVON REX ÉCAILLE DE TORTUE

DEVON REX FUMÉ CHOCOLAT

DEVON REX FUMÉ NOIR

DEVON REX

Bien qu'ayant une robe frisée similaire, le Cornish Rex et le Devon Rex sont deux races assez différentes. La tête du Devon Rex a une forme reconnaissable, unique chez les chats de race. Elle est cunéiforme et courte, pourvue d'un stop bien marqué, de grands yeux ovales et de patons proéminents où poussent des moustaches grosses et ondulées. En outre, le Devon Rex possède d'immenses oreilles, très larges à leur base et se terminant en pointe arrondie, ce qui lui donne une allure de lutin. L'aspect de sa face est cependant trompeur car bien que svelte, le corps du Devon Rex est quand même robuste, fort et musclé. Sa poitrine large associée à des pattes fines – les postérieures plus longues que les antérieures – donne l'impression qu'il a les pattes arquées.

239

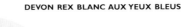

DEVON REX BLANC AUX YEUX BLEUS

Contrairement aux crans marqués de la robe du Cornish Rex, le pelage du Devon Rex présente des ondulations courtes et douces et des croisements extérieurs diversifiés ont fourni une gamme étendue de patrons et de couleurs. La plupart des connaisseurs diront que la robe frisée du Devon Rex permet de distinguer la coloration fumée beaucoup mieux que n'importe quelle autre race à poil droit ne peut le faire.

DEVON REX TABBY BRUN

Sphinx

SPHINX RED POINT

Apparition : 1966

Origine : Ontario (Canada), É.-U. et Europe

Ascendance : Persan sans pedigree

Autres noms : Chat nu

Couleurs : tous les patrons et couleurs, y compris
pointé, sépia et vison

Longueur de robe : sans pelage

Type de fourrure : peau douce, comme du suède

Poids : 3,5 à 7 kg

Pour bien des gens, il manque aux Sphinx l'une des caractéristiques essentielles et attirantes communes à tous les chats, peu importe leurs origines : une fourrure. Des chats plus ou moins poilus sont apparus dans différents coins du globe. Nous avons la preuve que les Aztèques faisaient l'élevage de chats nus – sans doute pour leur consommation – et dans les années 1880, le chat nu mexicain a connu un bref succès.

L'absence de pelage du Sphinx est due à un gène dont les effets sont cependant incomplets puisque le chat n'est pas totalement sans poil mais plutôt recouvert d'un doux duvet. En outre, des poils très fins et très courts poussent sur les oreilles, le

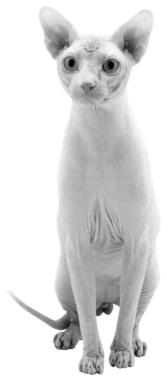

SPHINX RED MINK ET BLANC

241

SPHINX LILAS

museau, la queue et les pieds et, chez les mâles, sur les testicules. Le follicule pileux possède une glande qui produit du sébum. À défaut de poil pour absorber ce gras, au lieu de peigner le Sphinx, il faut le frotter tous les jours avec une peau de chamois pour garder sa peau suédée en bon état.

Le premier Sphinx est né en 1966, mais sa lignée s'est éteinte. En 1978, une chatte à poil long et son chaton nu ont été recueillis à Toronto, au Canada. Le chaton « mutant » a été castré pour qu'il ne transmette pas son anomalie, mais dans les portées suivantes de sa mère, il y avait d'autres chatons nus. Deux de ces chats ont été exportés en Angleterre où on les a accouplés à un Devon Rex avec pour résultat des chatons nus, ce qui suggère qu'en plus d'être récessif, le gène de l'absence de poil est dominant sur le gène du Devon Rex. D'autres croisements extérieurs avec des Devon Rex ont été effectués par Vicki et Peter Markstein à New York avec leur Sphinx, mais la race reste encore rare. Seule la TICA reconnaît le Sphinx en tant que race car de nombreuses associations craignent encore que des problèmes de santé ne soient associés à ce caractère.

L'influence du Devon Rex se remarque sur la face de lutin du Sphinx, pourvue de grands yeux et d'oreilles immenses. Son corps est rond et bien musclé, assorti d'un cou puissant et de pattes fermes. Les couleurs et patrons de la robe se distinguent sur le poil résiduel et sur la peau. Chez les chats d'exposition, l'absence de poil doit être naturelle et toute preuve d'épilation est sévèrement pénalisée.

L'absence de poil exige des propriétaires de ce chat une protection soutenue car il craint beaucoup le froid et le soleil. Malgré ce qu'en pensent certains, le Sphinx est un chat à part entière, un compagnon affectueux, fidèle et agréablement espiègle.

SPHINX ÉCAILLE BLEU ET BLANC

243

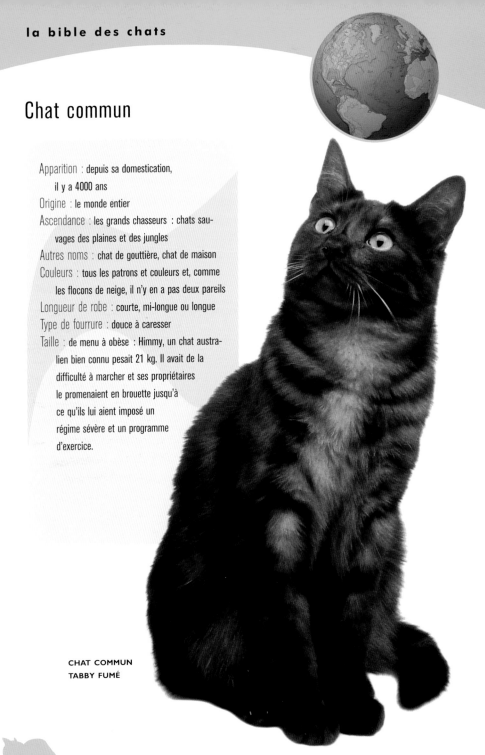

Chat commun

Apparition : depuis sa domestication, il y a 4000 ans

Origine : le monde entier

Ascendance : les grands chasseurs : chats sauvages des plaines et des jungles

Autres noms : chat de gouttière, chat de maison

Couleurs : tous les patrons et couleurs et, comme les flocons de neige, il n'y en a pas deux pareils

Longueur de robe : courte, mi-longue ou longue

Type de fourrure : douce à caresser

Taille : de menu à obèse : Himmy, un chat australien bien connu pesait 21 kg. Il avait de la difficulté à marcher et ses propriétaires le promenaient en brouette jusqu'à ce qu'ils lui aient imposé un régime sévère et un programme d'exercice.

CHAT COMMUN
TABBY FUMÉ

Sans aucun club pour faire leur publicité ou chanter leurs louanges, les chats communs n'en sont pas moins les plus populaires dans le monde. Ils vivent dans des palais ou des petits appartements et sont les compagnons adorés des présidents et des célébrités, des retraités et des enfants. Certains sont sociables, allant jusqu'à apprécier la compagnie d'autres chats et même d'autres chiens; d'autres sont farouches. Certains sont bavards; d'autres observent le monde en silence. Certains sont bien élevés; d'autres sont carrément voyous. Certains mangent presque n'importe quoi; d'autres exigent un menu de gourmet.

Quels que soient leurs couleur, patron, taille ou caractère, ces chats-là ont été immortalisés dans les poèmes, la prose, les comédies musicales et l'opéra. Ils ont été peints, sculptés et photographiés et ont même été des vedettes de cinéma, des personnages de bandes dessinées et des acteurs dans les annonces publicitaires à la télévision.

D'un foyer à l'autre et d'un pays à l'autre, les chats communs sont de couleur, de patron et de taille différents, mais tous sans exception descendent des chats sauvages d'Amérique, d'Europe, d'Asie et d'Afrique, et la plupart d'entre eux témoignent de cette ascendance. Il faut les voir se glisser, aussi silencieux que la nuit, dans les hautes herbes du jardin. Les observer en train de traquer une proie, même vive comme l'est un papillon. S'émerveiller devant leur agilité à grimper dans l'arbre du voisin. Les entendre grogner la nuit quand un matou du quartier a osé empiéter sur leur territoire. Et lorsqu'ils ne sont pas occupés à jouer les tigres, il faut les contempler endormis en boule ou étendus de tout leur long à un endroit confortable et baigné de soleil, quand ce n'est pas carrément dans le panier de linge tout juste plié !

De race ou de gouttière, tous les chats se ressemblent : ils sont beaux, exigeants, affectueux et mystérieux et ils méritent qu'on les aime et qu'on s'en occupe comme il faut. Comme l'a si bien écrit l'auteur américain Mark Twain :

« Une maison sans chat
– entendons sans chat bien nourri,
bien caressé et convenablement
honoré – peut être un foyer parfait,
sans doute, mais comment
saurait-elle le prouver ? »

**COULEUR ASSOCIÉE
AUX YEUX VAIRONS**

Glossaire

ACA : *American Cat Association*, l'organisation la plus ancienne en Amérique du Nord.

ACFA : *American Cat Fanciers Association*.

Agouti : Couleur présente entre les bandes d'un tabby.

Allèle : Tout gène présent à un certain site sur un chromosome et qui produit une caractéristique physique autre. Les gènes d'agouti et du non-agouti ainsi que les gènes du poil long et du poil court sont des allèles.

Anoure : Qui n'a pas de queue.

Argenté : Coloration qui donne au poil une teinte blanche. Aussi appelé « silver ».

Argenté ombré : Coloration dans laquelle la base du poil est argentée. Aussi appelé « silver shaded ».

Bézoard : Boule de poils.

Bicolore : Robe tachetée qui présente du blanc et une autre couleur.

Bleu : Coloration allant du gris bleuté pâle au gris ardoise foncé; dilution du noir.

Bleu crème : Synonyme d'écaille bleu.

Bobtail : Mot anglais signifiant « queue coupée ». Race de chat à queue écourtée.

Bréviligne : Type morphologique caractérisé par un corps compact, des épaules et une croupe larges, une queue courte et une tête arrondie. Aussi appelé « cobby ».

Brindling : Présence de poils clairsemés, d'une couleur incorrecte.

Calico : Terme américain désignant des chats écaille de tortue et blanc.

Caméo : Robe dont le poil présente un tipping roux ou crème.

Caractéristique dominante : Caractéristique génétique transmise aux chatons par leurs parents.

CFA : *Cat Fancier's Association*, l'association féline américaine la plus importante, qui englobe aussi le Canada et le Japon.

Champagne : Terme américain désignant la couleur chocolat du Burmese (voir page 170) et la couleur lilas du Tonkinois (voir page 198).

Chat de gouttière : Chat de race indéterminée, de filiation mélangée ou inconnue. Synonyme de chat commun ou de chat de maison.

Chinchilla : Coloration dans laquelle l'extrémité du poil est noire, ou d'une autre couleur, et le reste est blanc ou clair. Aussi appelé « shell ».

Chocolat : Coloration brune moyenne à pâle. Chez les Siamois, elle est plus claire que le seal.

Collerette : Poils plus longs et plus fournis autour du cou.

Colourpoint : Patron coloré, apparemment influencé par la température, dans lequel les extrémités (masque, pattes, queues et oreilles) ont une couleur plus foncée que le reste du corps. On parle aussi de patron pointé, siamois ou himalayen.

Consanguinité : Accouplement de chats étroitement apparentés, comme des frères et des sœurs.

Coussinet : Partie charnue de la plante du pied, dépourvue de poil. Aussi appelé pelote.

Crème : Beige très pâle; dilution du roux.

Croisement : Accouplement de deux chats en supposant qu'ils sont de couleur ou de race clairement différenciées. Synonyme d'hybridation.

Croisement en retour : Accouplement d'un chat avec l'un de ses parents.

Culotte : Poils plus longs à l'arrière des cuisses.

Cunéiforme : Forme particulière de la tête, en triangle aux coins arrondis, présente chez le Siamois et les autres races orientales.

Dilution : Version plus pâle d'une couleur de base; bleu, lilas ou crème sont le résultat d'une couleur de base diluée.

Écaille : Coloration de la robe, présente essentiellement chez les femelles, due à une mosaïque de couleurs. Aussi appelé écaille de tortue.

Étalon : Mâle reproducteur.

Élevage sélectif : Élevage effectué par accouplement délibéré entre des chats présentant certaines caractéristiques que les éleveurs souhaitent reproduire ou accentuer. Synonyme de reproduction sélective.

Flamme : Marque du pelage au milieu du front.

FIFe : Fédération Internationale Féline.

Flehmen : Grimace faciale effectuée par le chat quand son organe de Jacobson, situé sur son palais, est stimulé.

Fourrure double : Robe composée d'un sous-poil court et doux et d'une fourrure extérieure plus longue.

Fumé : Coloration de robe dans laquelle le poil est coloré sur presque toute sa longueur, sauf à sa base qui est blanche ou claire. Aussi appelé « smoke ».

Gant : Pelage blanc sur les pieds antérieurs, comme chez le Snowshoe (voir page 152).

GCCF : *Governing Council of the Cat Fancy*, instances dirigeantes responsables des expositions félines en Grande-Bretagne.

Gène récessif : Gène transmis de génération en génération mais qui ne s'exprime pas toujours.

Haret : Chat domestique né dans la nature ou retourné à l'état sauvage. Contrairement aux vrais chats sauvages, les chats harets appartiennent à la même espèce que les chats domestiques.

Hétérozygote : Qui possède une paire d'allèles différents – un de chaque parent – relativement à une caractéristique donnée.

Homozygote : Qui possède une paire d'allèles identiques relativement à une caractéristique donnée.

Hybride : Descendant d'un croisement entre des parents génétiquement différents, plus spécialement entre deux espèces ou deux races différentes.

Jarret : Chez le chat, cheville de la patte postérieure.

Létal : Qui entraîne la mort.

Lièvre : Couleur particulière de l'Abyssin (voir page 155) et du Somali (voir page 100). Aussi appelé « usual » (G.-B.) ou « ruddy » (É.-U.).

Lignée : Ensemble des chats reliés par des ancêtres ou par leur pedigree.

Lilas : Couleur gris rosé pâle; dilution du chocolat. Aussi appelé lavande ou « frost ».

Lilas crème : Synonyme d'écaille lilas.

Longiligne : Type morphologique extrême présent notamment chez l'Oriental à poil court (voir page 203). Aussi appelé oriental ou « foreign » (étranger).

Lunettes : Zone de poils plus clairs autour des yeux.

Marque du scarabée : Dessin en forme de « M » visible sur le front des chats tabby.

Masquage (épistasie) : Action de certains gènes qui en empêchent certains autres de s'exprimer et cachent donc leur présence.

Masque : Zones de la face plus sombres chez le Siamois et l'Himalayen.

Médioligne : Type morphologique caractérisé par un corps moyennement trapu, des pattes de taille moyenne et une tête légèrement arrondie. Aussi appelé « semi-foreign ».

Mue : Chute des poils, en général saisonnière, mais fréquente chez les Persans quand on les caresse.

Museau : Ensemble formé par le nez et les mâchoires.

Mutation : Modification génétique causant chez les chatons une apparence différente de celle de leurs parents.

Ombré : Coloration dans laquelle l'extrémité du poil est colorée et le reste est blanc ou clair. Ce tipping se situe à mi-chemin entre le chinchilla et le fumé. Aussi appelé « shaded ».

Organe de Jacobson (ou voméronasal) : Organe de l'odorat situé sur le palais du chat et qui répond aux stimuli chimiques.

Panachure : Taches blanches présentes sur la robe.

Papilles : Crochets minuscules présents sur la langue du chat et qui la rendent rugueuse.

Paton : Chacun des côtés de la lèvre supérieure, où poussent les moustaches.

Patron : Coloration particulière de la robe. Aussi appelé motif.

Pedigree : Généalogie d'un chat de race et document qui en atteste.

Plumet : Touffe de poils dans les oreilles.

Poil de barbe : Poil court et dur présent sous la fourrure de surface.

Poil de jarre : Long poil constituant la fourrure extérieure, aussi appelé poil de garde.

Pointes : Extrémités du corps – tête, oreilles, queue et pieds – qui sont colorées chez le Siamois (voir page 161) et chez d'autres races. On trouve aussi le terme « points ».

Polydactyle : Qui possède un nombre de doigts supérieur à la normale.

Portée : Ensemble des chatons nés en une fois.

Race : Groupe de chats aux caractéristiques physiques semblables et bien déterminées et d'ascendance commune.

Race pure : État d'un individu homozygote relativement aux traits pris en compte. Accouplé à un chat identique, un chat de race pure produira des descendants identiques à lui qui, accouplés ensemble, produiront à leur tour des descendants aux traits exactement identiques.

Romain : Se dit d'un nez dont l'arête est proéminente, comme chez le Siamois.

Roux : Couleur résultant du gène orange lié au sexe. Aussi appelé couramment « red ».

Seal : Coloration brun foncé (phoque) des pointes chez la variété de Siamois la plus sombre.

Sépia : Patron coloré pointé dans lequel la différence de couleur entre le corps et les extrémités est moins marquée que dans un patron colourpoint ou vison.

Sorrel : Coloration brun rougeâtre typique de l'Abyssin et du Somali.

Sous-poil : Poil secondaire court et doux, aussi appelé duvet.

Standard d'exposition : Description d'un chat « idéal » appartenant à une race donnée et en comparaison de laquelle les chats de même race seront jugés.

Stop : Cassure nette entre le nez et le front.

Tabby : Patron de robe qui présente un marquage spécifique. On note quatre patrons tabby : tigré (« mackerel »), tiqueté ou abyssin (« ticked »), classique ou marbré (« blotched ») et tacheté ou moucheté (« spotted »).

Tabby point : Patron coloré pointé dans lequel les extrémités présentent des dessins tabby. Appelé « lynx point » aux États-Unis.

TICA : *The Independant Cat Association* (États-Unis).

Tipped : Terme anglais désignant un poil dont l'extrémité est colorée. Le degré de cette coloration, appelée tipping, détermine si le chat est chinchilla, ombré ou fumé.

Tiquetage : Bandes de couleur présentes sur chaque poil, caractéristiques de la robe de l'Abyssin (voir page 155). Se dit aussi tiqueture.

Torbie : Chat écaille de tortue (tortie) avec des dessins tabby à la place des plages noires unies.

Tortie : Abréviation de l'anglais tortoiseshell (écaille de tortue).

Type morphologique : Désigne la taille, la forme et les caractéristiques corporelles d'une race.

Unie : Robe d'une seule couleur ou couleur sans taches. Se dit aussi unicolore, solide ou self.

Vairons (yeux) : Yeux de deux couleurs différentes, habituellement un bleu et un orange/cuivre. Aussi appelés yeux impairs.

Van : Patron bicolore dans lequel la majorité du corps est blanche, la coloration étant limitée au dessus de la tête et à la queue.

Variété : Subdivision d'une race, telle qu'un type de couleur particulier.

Vibrisses : Moustaches.

Vison : Patron coloré pointé, intermédiaire entre le colourpoint et le sépia, aussi appelé « mink ».

Zibeline : Brun chez le Burmese. Aux États-Unis, cette couleur s'appelle sable.

Index

Bibliographie

George MacBeth and Martin Booth (eds),
The Book of Cats (Penguin, 1979)

Grace Pond (ed), *The Complete Cat
Encyclopedia* (Heinemann, 1972)

Grace Pond and Muriel Calder,
The Longhaired Cat (B.T Batsford, 1974)

Alison Ashford and Grace Pond, *Abyssinian
and Turkish Cats* (J.Gifford, 1972)

Mary Dunnill, *The Siamese Cat Owners'
Encyclopedia* (Pelham Books, 1974)

Michael W. Fox, *Understanding Your Cat*
(Bantam Books, 1977)

Howard Loxton, *Cats:From Family Pets to
Pedigrees* (Sundial, 1979)

Michael Wright and Sally Walters,
The Book of the Cat (Pan Books, 1990)

Collins Gem *Cats* (Harper-Collins, 1999)

Dr. Bruce Fogle, *Cats* (Dorling Kindersley,
2000)

Crédits et remerciements

Tous nos remerciements vont à :
Vic Swift de la British Library de Londres, et
tous les propriétaires de chats, associations
et clubs félins qui ont eu la gentillesse de
partager leurs connaissances et des informations sur Internet.

Vous trouverez de plus amples informations
sur les races, associations et clubs félins
ainsi que sur les soins à apporter à vos
chats en naviguant sur Internet. Si vous
envisagez de choisir un chat comme animal
de compagnie, assurez-vous d'être totalement prêt à vous en occuper avant de le
ramener chez vous : un chat ou tout autre
animal est une responsabilité à vie.